MANIPULOIVA KIELI

Uuden ajan subkonteksti

Saara Huhtasaari

© 2018 Saara Huhtasaari
Kustantaja: BoD – Books on Demand, Helsinki, Suomi
Valmistaja: BoD – Books on Demand, Norderstedt, Saksa
ISBN: 978-952-80-0705-0

Omistan tämän kirjan:

Rakkaalle isälleni Esalle ja aviomiehelleni Samille. Teitä parempia, en olisi voinut saada.

Haluan myös kiittää siskoani Laura Huhtasaarta sekä Sakari Viitamäkeä, Mauri Hirvosta ja Mikael Lithiä hyödyllisten linkkien lähettämisestä kirjan kirjoittamisen aikana.

Alkusanat

Ajatus tämän kirjan kirjoittamisesta lähti haaveesta ja kuten tapana on sanoa, niin haaveista kannattaa tehdä totta. Eli haaveenani oli tehdä, "isä-tytär"-projekti, vielä kun se on mahdollista.

Isäni, kuuden kielen taitaja, eläkkeellä oleva, ennen ulkomaakauppaa leipätyökseen tehnyt, on aina ollut kiinnostunut kielistä, kielihistoriasta ja kaikesta siihen liittyvästä. Isäni on myös yhteiskunnallisesti erittäin valveutunut henkilö. Minua, psykologiaa lukeneena, taas kiinnostaa ihmismielen koukerot ja kaikki mikä liittyy mielen sisäisiin tapahtumiin kuten ajatteluun ja käyttäytymiseen. Joten aihe, jossa yhdistyvät sekä kieli että manipulaatio osui kuin naulan kantaan ja tämän teeman pohjalta aloin kirjaa kasaamaan. Käytännössä tämä tapahtui niin, että keräsimme yhdessä kirjaan materiaalia eri nettisivuistoilta, lehdistä, tutkimuksista ja julkaisuista. Isäni panos oli tuoda omaa asiantuntemusta kielihistorian alalta, muun muassa kielen muuttumisesta sekä *muuttamisesta* ja minun vastuullani oli asioiden tarkastelu psykologiselta näkökulmalta sekä asioiden kirjoittaminen sanoiksi. Haaste oli ajoittain vaativa, mutta mielekäs.

Kielimanipulointi aiheena on juuri nyt erityisen ajankohtainen, koska kieltämme on alettu tietoisesti muuttamaan. Tällaisella kielen tarkoituksenmukaisella muuttamisella on kohtalokkaat ja kauaskantoiset seuraamukset. Loppupelissä kieli muuttaa mieltä. Käyttäytymistämme, asenteitamme ja mielipiteitämme ohjaillaan jatkuvasti kielimanipuloinnin kautta, yleensä huomaamattomasti ja tiedostamattamme. Toinen päivänpolttava ja paljon puhutteleva aihe on sananvapauden rajoittaminen. Jossain vaiheessa sananvapauden suhteen tapahtui käänne ja ajan henki on nyt sellainen, että uskotaan, että kaikkein tuhoisin asia, mitä ihmisille voi tapahtua, on se, että joku sanoisi jotain, joka voisi loukata heitä. Vihapuheeksi väittämiset ja syytökset vihapuheesta ovat johtaneet siihen, etteivät ihmiset uskalla enää ilmaista oikeita mielipiteitään, ilman henkilökohtaisia seurauksia. Jos vapaa keskustelu estetään, niin voimme saman tien sanoa hyvästit aidolle sananvapaudelle, koska ilman mielipiteiden törmäystä, emme saavuta totuutta, vaan ihmisistä tulee valtakoneistoa myötäileviä sopuleita ja manipuloituja marionetteja.

Sisällysluettelo
Alkusanat

Johdanto

Jokainen ihminen kohtaa jossakin elämänsä vaiheessa manipulointia. Tämän vuoksi meidän on hyvä olla perillä sekä tietoisista että alitajuisista tekniikoista, joilla meitä hallitaan, niin muiden ihmisten kuin mediankin toimesta.

Kielen avulla meitä manipuloidaan ajattelemaan ja toimimaan tietyllä tavalla. Tämä kirja on lyhyt katsaus manipuloinnista, manipulaatiotekniikoista, kielen muuttamisesta, sekä median manipuloivasta vaikutuksesta. Lisäksi kirjassa käsitellään sananvapautta ja sen rajoittamisesta aiheutuvia seurauksia ja tarkastellaan sukupuolineutraaleja käsitteitä. Kirjassa pohditaan myös kaiken tämän vaikutuksia pitkällä aikavälillä. Tämä kirja on kirjoitettu kolmesta syystä:

1) Tunnista manipulointi! Jokaisen ihmisen on hyvä olla tietoinen erilaisista kielellisten käsitteiden manipulointitekniikoista.

2) Ymmärrä manipuloinnin seuraukset! Jokaisen ihmisen on syytä ymmärtää, mihin kielen muuttamisella ja sananvapauden rajoittamisella pyritään.

3) Torju manipulointi! Tiedosta manipulointi, tunnista ja selvitä manipuloinnin taustalla olevat motiivit,

ole kriittinen. Manipulointi jatkuu aina siihen asti kunnes se paljastetaan.

Kirja koostuu neljästä osasta. Ensimmäisessä osassa käsitellään lyhyesti manipulointia, erityisesti psykologista manipulointia, manipuloinnin eri muotoja ja median manipulointia. Toisessa osassa tarkastellaan kieltä manipuloinnin välineenä, Orwellin ennustusta ja sukupuolineutraalia kieltä. Kolmannessa osassa pohditaan sananvapautta ja sen rajoittamisen seurauksia. Neljännessä osassa tarjotaan muutamia vinkkejä siihen, miten tunnistamme ja kuinka voimme manipuloinnilta mahdollisesti välttyä. Kirja päättyy loppupohdintaan.

Kirjan materiaali on kerätty "ihmismielen ihmettelyä" - blogeistani, manipulointia käsitteleviltä nettisivustoilta, manipulointia koskevasta kirjallisuudesta, useista eri tutkimuksista ja tieteellisistä julkaisuista.

I. Manipulointi

Manipulointia esiintyy kaikissa vuorovaikutustilanteissa.

Manipulointi

Manipulointia esiintyy kaikissa vuorovaikutustilanteissa. Päättäjät manipuloivat kansaa, työnantajat työntekijöitä, vanhemmat manipuloivat lapsiaan ja media manipuloi meitä kaikkia. Manipulointi vaikuttaa kaikkiin elämämme osa-alueisiin, siihen mitä teemme, miten ajattelemme ja miten toimimme.

Yleisin manipuloinnin muoto on halu kontrolloida toista, toisen käyttäytymistä, toisen ajattelutapaa, toisen päätöksentekoa ja lisäksi saavuttaa mahdollista hyötyä toisesta. Manipulointi kätkee sisälleen usein monitulkintaisen valheellisuuden. Kielen kautta manipuloinnissa käytetään tahallisesti epäselvää ja epärehellistä kielenkäyttöä, jossa kieltä myös tarkoituksenhakuisesti muutetaan ja sananvapautta rajoitetaan.

Manipulointia ei ole helppo havaita. Usein manipuloija on kokenut ja pätevä ja hän käyttää huomaamattomia ja jopa salakavalia taktiikoita. Lisäksi ihminen ei halua uskoa, että häntä manipuloidaan. Kukaan meistä ei halua tulla höynäytetyksi tai harhaan johdetuksi.

Psykologinen manipulointi

Psykologinen manipulointi on vallankäyttöä emotionaalisen hyväksikäytön avulla, minkä tarkoituksena on luoda epätasapaino valtasuhteisiin ja saada mahdollisimman paljon hyötyä uhriltaan. Pyrkimyksenä on toisen henkilön mielen ohjaaminen manipuloijan haluamaan suuntaan, yleensä manipuloijan omaksi hyödyksi ja vastoin manipuloidun todellista etua.

Manipuloija pyrkii vaikuttamaan kohteeseen, jonkin voiman, toiminnan tai muun kautta, niin, että kohteessa tapahtuu jokin muutos. Orwell mainitsee käsitteen *doublethink* yhtenä laajamittaisena psykologisena manipulaationa. *Doublethinkin* avulla voi pitää samanaikaisesti kaksi ristiriitaista ajatusta mielessään. Yksilön kyky itsenäiseen ajatteluun on tuhottu, ja yksilö uskoo siihen, mitä hänelle sanellaan jonkun toisen toimesta, vaikka oma ajatus ja tieto asiasta olisivat ristiriidassa sanellun version kanssa.

Tehokkaan manipuloinnin sekä suggeroinnin takia henkilö voi jopa menettää oman harkintakykynsä, jossa manipuloidun elämänhallinta on siirtynyt manipuloijalle. Ja lopulta manipuloinnin kohteeksi joutunut henkilö ei kykene tiedostamaan manipulointia, eikä myöskään ole tietoinen siitä, ettei toimi itsenäisesti.

Psykologinen manipulaatio on usein pitkäkestoista ja pikku hiljaa tapahtuvaa toimintaa, jossa manipuloija odottaa rauhallisesti oikeaa hetkeä varmistaakseen sen, että on saanut manipuloidun omaan hallintaansa. Se, milloin psykologinen manipulointi onnistuu, edellyttää usein sitä, että manipuloijalla tulee olla riittävästi auktoriteettia. Manipuloijan tulee vaikuttaa uskottavalta, luotettavalta ja ennen kaikkea vakuuttavalta. Muun muassa media on aikaisemmin ollut kaikkea tätä, ainakin tietyille henkilöille, ja on vieläkin osalle meistä: *"Jos se on uutisissa, sen täytyy olla totta."* (ks. kohta media ja manipulointi). Psykologisessa manipulaatiossa kyse on siis harhan liikkeelle panemisesta. Se on taitavaa puhumista ja onnistunutta retoriikkaa.

Manipulointi netissä

"Netti on auttanut meitä jokaista löytämään pienen arvostelijan ja kriitikon sisältämme."

Nykyisin myös sosiaalinen media tuo aivan uudenlaiset vaikuttamiskeinot. Netti on täynnä anonyymejä räksyttäjiä, pikkusieluisia nihilistejä ja niitä, joilla ei ole uskallusta

17

saada mielipiteitään muulla tavoin esiin. Sosiaalisessa mediassa manipulointi on astetta pahempaa, koska manipuloija voi toimia anonyymisti. Digitaalinen media mahdollistaa lähes rajattomat mahdollisuudet yksilöimättömyyteen.

Psykologit ovat löytäneet keskeisiä tekijöitä, jotka selittävät käyttäytymistämme netissä:

1) Anonyymiys. Kommentoijat ovat usein anonyyymeja, joten henkilö pääsee purkamaan pahaa oloaan anonyymisti. Anonyymitila yllyttää yleensä ylilyönteihin, itse asiassa jopa suoriin törkeyksiin. Anonyymina henkilö ei ole myöskään suoraan vastuussa törkeyksistään, vaan piiloutuu nimimerkkinsä taakse.

2) Etäisyys. Etäisyys uhrista. Kommentoijat ovat kaukana vihansa kohteesta. Ihmisillä on taipumus suututtaa etäisiä tai abstrakteja kohteita helpommin kuin lähellä olevia konkreettisia kohteita.

3) Kirjallinen palaute. On paljon helpompaa olla kirjallisesti törkeä, inhottava ja ilkeä kuin sanallisesti/puheen kautta.

4) Monologit. Kommenttiosioiden diskurssit eivät yleensä tapahdu reaaliajassa, ja kommentoijat voivat kirjoittaa pitkiäkin monologeja, jotka

pyrkivät vahvistamaan kommentoijan äärimmäistä näkökulmaa.

Ilmiö nimeltä "deindividuation"

"Deindividuation" eli yksilöimättömyys. Tämä ilmiö tapahtuu, kun sosiaaliset normit ovat poissa ja identiteetti on piilossa. Kasvoton henkilö ja henkilökohtainen nimettömyys provosoi yksilöitä rikkomaan sosiaalisen normin sääntöjä, joita he eivät edes harkitsisi rikkovansa normaaleissa olosuhteissa. Deindividuaatiosta on tehty tutkimus, jossa tutkimuskohteena oli yksilön alttius ottaa näkyvillä olevaa rahaa, joka ei kuulunut hänelle. Tutkimukseen osallistui lapsia ilman naamioita ja naamioiden kanssa, joko yksin tai ryhmässä. Oven viereisellä pöydällä oli laitettu kaksi kulhoa, joista toisessa oli karkkia ja toisessa kolikoita. Lapsille kerrottiin, että he saavat ottaa karkkia, muttei rahaa. Kun lapset saapuivat yksin ja ilman naamiota, vain 8 prosenttia heistä otti rahaa, kun taas lapset, jotka saapuivat ryhmissä ja naamiaispuvut päällä prosentti nousi 80 prosenttiin.

Digitaalinen media mahdollistaa lähes rajattomat mahdollisuudet yksilöimättömyyteen. Se antaa vapauden sanoa ihan mitä vain ja tarjoaa mahdollisuuden tahalliseen kiusantekoon. Kiusaaja saa nautintoa tietystä asiayhteydestä, jossa voi päästää irti normaalin kommunikaation rajoitteista ilman seurauksia sekä virtuaalisesti astua ulos omista kommunikaatiorajoitteistaan tai estoistaan.

Deindividuaatio aiheuttaa myös poikittaista aaltoliikettä. Ryhmissä samankaltaiset ihmiset päätyvät tyypillisesti äärimielipiteisiin, koska he saavat uskottavuutta liioittelemalla löyhästi esiintyviä ennakkoluuloja. Tämä vaikuttaa normien siirtämiseen, äärimielipiteistä tulee hyväksyttäviä. Sosiaalinen media ei niinkään monipuolista mielipiteitä, vaan se todennäköisesti vahvistaa henkilön jo valmiiksi suppeaa näkcmystä. Tiedotusvälineet ovat tulleet yhä enemmän digitaalisiksi. Luotamme yhä enenevässä määrin kaikkein ylivoimaisesti käsittelemättömiin ja helposti manipuloituihin lähteisiin. Juoruihin, huhupuheisiin ja pseudotieteeseen.

Tutkijoiden mukaan netin muita haitallisia vaikutuksia ovat muun muassa:

- Nettialustat kannustavat ja rohkaisevat käyttäjiä aggressiivisuuteen.

- Kommenttiosuudet vahingoittavat yhteiskuntaa ja mielenterveyttämme

20

- Sosiaalista mediaa käyttävät ihmiset eivät todennäköisesti tunne empatiaa tai myötätuntoa muihin. Henkilöt tuomitsevat toisen tai asian netissä nopeammin ja vastakohtainen reaktio syntyy nopeasti ja asiaa ajattelematta.

- Tutkimuksen mukaan suurin osa henkilöistä menettää temperamenttinsa nopeammin verkossa kuin todellisessa elämässä. Nuoret olivat vähiten suvaitsevaisia.

- Henkilön mielipiteitä on helppo manipuloida. Tutkijoiden mukaan ihmiset altistuvat herkemmin positiiviselle manipuloinnille.

- Persoonallisuus muuttuu. Yhdessä tutkimuksessa kysyttiin 1000 sivuston käyttäjältä (kuten Facebook, Twitter, WhatsApp, Instagram ja Pinterest) siitä, että muuttuiko heidän persoonallisuutensa joko lukemalla ja lähettämällä netissä viestejä. Noin 84 prosenttia myönsi, että he ovat netissä entistä enemmän ärsyyntyneitä ja vihaisia verrattuna netin ulkopuolella.

Henkilökohtaiset hyökkäykset tai vihaviestit, eivät ole meille hyödyllisiä, eikä niitä pitäisi hyväksyä sallittavana ihmiskäyttäytymisenä netissä. Kun joku yrittää tehdä oikeutetun argumentin, putoaa argumentilta pohja pois, jos sävy on aggressiivinen. Viha ruokkii itse itseään, mutta vihaan ei kannata vastata vihalla. Syy vihaan on usein vihaajassa itsessään. Loanheitto toista kohti kääntyy usein heittäjää itseään vastaan.

Manipulointi tekniikoita

Psykologista manipulointia on vallan haltuun ottaminen. Toimivia manipulointi keinoja ovat imartelu, toistot, kontrolloiminen, syyttäminen, epäileminen, syyllistäminen, kieltäminen, syrjäyttäminen, hylkääminen, rajoittaminen, pilkkaaminen, uhkaukset, rangaistukset, pelon luominen ja epäinhimillistäminen eli dehumanisaatio, jossa kielletään henkilön ihmisyys.

1) Tunteiden manipulointi

Tunneperäisessä manipulaatiossa toinen johdatellaan, joko hyväksymään tai hylkäämään esitetty väite, vetoamalla tunteisiin.

- *Syyllistäminen.* Syyllistämisen tunne on erittäin voimakas. Henkilö, joka tuntee itsensä syylliseksi jostakin yrittää korvata sen tavalla tai toisella. Erityisesti herkille ja empaattisille henkilöille syyllistäminen on yksi tehokas psykologinen manipulointi (ks. vielä kohta patologinen altruismi).
- *Epävarmuus tunteen luominen.* Tämä tapahtuu erilaisten negatiivisen kritiikin, pilkan, ivan ja vähättelyn kautta. Henkilön heikkouksia käytetään hyväksi, ja hän alkaa

22

kyseenalaistamaan itseään ja tuntemaan itsensä epävarmaksi.

- *Ehdollistaminen pelon kautta.* Manipulointi pelon kautta on ehkä yksi tehokkaimmista namipulointi tekniikoista. Pelkäävä ihminen ei ajattele rationaalisesti.
- *Uhriutuminen.* Manipuloija toivoo saavansa muiden ihmisten myötätunnon puoleensa, samalla syyllistäen heitä.
- *Tyhmäksi tekeytyminen.* Manipuloija joko siirtää tällä tavalla tehtävän/asian muille tai pyrkii itse välttämään vastuuta asiasta.
- *Vetoamalla emootioihin kuten kohtuullisuuteen, myötätuntoon, solidaarisuuteen tai rehellisyyteen.* Manipuloija laskee sen varaan, että henkilöllä herää sympatiat asiaa tai toista henkilöä kohtaan ja mahdollisesti myös auttamisen ja tukemisen halu.
- *Mielistely ja lahjominen.* Positiivisen manipuloinnin kautta manipuloija saa kätevämmin toisen henkilön tekemään halutun asian.

2) **Tosiasioiden kieltäminen**

Tosiasiat jätetään huomioimatta, koska ne ovat vastoin henkilön omia periaatteita tai vakaumusta. Manipuloija helposti väittää, että toinen henkilö on ymmärtänyt asian väärin. Lauseella: *"Et ymmärtänyt asiaa"* manipuloija vähättelee toista ja uskoo edelleen omaan virhepäätelmäänsä. Virhepäätelmät ovat yksipuolisia näkökulmia, joissa jätetään huomioon ottamatta, kaikki asiaa tukevat ja sitä vastustavat perustelut. Virhepäätelmät koostuvat siis subjektiivisista näkökulmista, vaikka asian objektiivinen observointi edellyttäisi siihen kohdistuvien hyötyjen ja haittojen arviointia avaramielisesti kaikista näkökulmista.

3) Poissulkeminen

Edmüllerin ja Wilhelmin mukaan poissulkemista löytyy sekä passiivista että aktiivista. *Passiivisessa poissulkemisessa* tietoja pimitetään, selvityksistä joko kieltäydytään tai niitä kartetaan, asiaa ei oikein tahdota ymmärtää vaan pidetään tiukasti kiinni omasta kannasta. *Aktiivisessa poissulkemisessa* henkilöitä johdetaan tarkoituksella harhaan muun muassa käyttämällä tyhjänpäiväisiä sanamuotoja ja suurentelemalla tiettyjä asioita. Tämän tarkoituksena on saada toisen huomio kiinnitettyä epäolennaisiin asioihin. Henkilö ymmärtää asiat joko tietoisesti väärin tai vääristelee vastapuolen näkökantoja. Henkilö esittää usein myös kelvollisilta vaikuttavia fiktiivisiä perusteluja ja vetoaa epäselviin asiantuntijalausuntoihin. Poissulkeminen tapahtuu usein myös puheenaiheen vaihdon kautta tai leimamaalla toinen

24

neuvottelukelvottomaksi ja hänen näkökantansa virheelliseksi. Asia voidaan myös sulkea pois julistamalla se tabuksi.

4) Muistin manipulointi

Muistiin ei voi luottaa. Ihmisen muisti on hauras, subjektiivinen, valikoiva, erehtyväinen ja mahdollisesti väärä. Muistimme ei ainoastaan ole epäluotettava, vaan se on myös manipuloitavissa. Toistoilla, sanavalinnalla, sanajärjestyksillä ja kysymysten asettelulla voidaan manipuloida muistiamme. Erityisesti toistojen käyttö on tehokasta manipulointia, koska kun asiaa toistetaan henkilölle tarpeeksi usein, niin se alkaa muovautumaan hänen muistissaan todeksi. Itse asiassa henkilö voi omaksua asian niin täysin, että se syrjäyttää faktat hänen omassa mielessään. Muistimme on myös yksilöllinen, eli vaikka useampi henkilö lukisi tai kuulisi saman asian, henkilön muisti ja tulkinta tapahtumasta on erilainen, koska muisti on muotoiltu ja rakennettu henkilön omien stereotypioiden, uskomusten ja odotusten mukaisesti. Joka päivä vastaanotamme valtavasti erilaista tietoa, maailma suorastaan tulvii erilaisia ärsykkeitä. Kykymme käsitellä useita samanaikaisista kohteista saatavaa tietoa on kapasiteetiltaan rajallinen, emme yksinkertaisesti pysty valitsemaan kaikkea yksityiskohtaisemman tiedonkäsittelyn kohteeksi. Voimme kerralla valita vain

25

tietyn kohteen lähemmän huomion kohteeksi ja muut kohteet jäävät enemmän tai vähemmän huomioimatta.

5) Henkilökohtainen hyökkäys

Manipuloija ryhtyy asian sijasta puhumaan mielipiteen esittäjästä. *Suorassa henkilökohtaisessa hyökkäyksessä* vastapuoli pyritään asettamaan kyseenalaiseksi esimerkiksi luonteen, luotettavuuden tai motiivien suhteen. *Epäsuorassa henkilökohtaisessa hyökkäyksessä* manipuloija pyrkii osoittamaan ristiriidan henkilön esittämän näkökannan ja hänen elämänolosuhteidensa, käyttäytymistapojensa tai aiempien mielipiteidensä välillä vähentääkseen hänen vakuuttavuuttaan. Yksi henkilökohtaisen hyökkäyksen muunnelma on *puolueettomuuteen kohdistuva hyökkäys.* Siinä manipuloija asettaa henkilön rehellisyyden ja objektiivisuuden kyseenalaiseksi viittaamalla tämän salaisiin motiiveihin ja intresseihin.

6) *Patologinen altruismi*

"Valkoisen miehen taakka", jossa henkilö kokee huonoa omaatuntoa, ja jossa häntä syyllistetään siitä, mitä hän ja länsimaiset ihmiset ovat tehneet aikoinaan alkuperäiskansoille. Myös enemmistöä syyllistetään vähemmistön syrjimisestä, ihmisiä syyllistetään luonnon tuhoamisesta, miehiä syyllistetään naisten huonosta kohtelusta, syyllistämisen taakka on siis päättymätön.

26

Tällainen alitajuinen syyllistäminen ja manipulointi vaikuttaa erityisesti nuorempiin ikäluokkiin. Patologisessa altruismissa henkilö suhtautuu poikkeuksellisen ymmärtäväisesti ja hyväuskoisesti apua tarvitseviin ihmisiin, huolimatta hädän tai avuntarpeen todellisesta luonteesta. Henkilö haluaa korvata "menneisyyden vääryydet" tekemällä jotakin hyvää. Tutkimusten mukaan tämä hyvän tekemisen tunne tuo niin suuren tyydytyksen tunteen, että tekojen seuraukset jäävät alempiarvoiseksi. Ensin inhimilliseltä vaikuttanut teko, voi olla muulle yhteiskunnalle haitallista tai jopa vaarallista. Tästä hyvänä esimerkkinä on pääministeri Sipilän kutsuhuuto vuonna 2015: *"Annan kotini turvapaikanhakijalle."*

7) **Joukkopsykologia.**

Vallitsevan mielipiteen muuttamiseksi tarvitaan sinnikkäitä ihmisiä ja joukkopsykologiaa. Yliopiston (Rensselaer Polytechnic Institute) tutkijoiden mukaan, jos 10 % ihmisistä uskoo vankkumattomasti asiaansa, riittää se vallitsevan mielipiteen muuttumiseen. Itse asiassa vähemmistön mielipide syrjäytti hyvin nopeasti aikaisemman enemmistön oikeana pitämän mielipiteen. Suomessa hyvä esimerkki vähemmistövaikutuksesta on *Tahdon2013-* *kansalaisaloitekampanja*, jonka vauhdittamana Suomeen säädettiin tasa-arvoinen avioliittolaki. Nykyisin joukkopsykologinen ilmiö on siis nähtävissä erityisesti sosiaalisessa mediassa. Järki ja tunteet sekoittuvat joukkopsykologian vähemmistövaikutuksesta, sillä yleensä pelkästään järkipuheilla tai faktoilla ei saavuteta riittävää 10 %:n rajaa.

8) Passiivis-aggressiiviset kommentit

Väärinkäytökset ja passiivis-aggressiiviset kommentit ovat voimakas ase manipuloijille. Käyttämällä molempia näistä taktiikoista yhdessä he voivat tehdä sinut tekemään lähes mitä vaan.

"Anna olla, ei tarvitse", tai "Tee ite."

"Se oli vitsi."

"Ei mulla mikään ole".

"Ihan sama."

"Voisitko edes vähän auttaa..."

"Kiitos nyt tästäkin.."

Muita tyypillisiä lauseita, joita kuulet usein manipuloijan suusta:

"Et ymmärtänyt, mitä minä sanoin." Tai *"En ymmärtänyt, mitä sinä sanoit."*

"Käyttäydyt irrationaalisesti"

"Sinun kanssasi on mahdotonta keskustella."

"Olet yliherkkä."

"Haluat tarkoituksella luoda draamaa."

"Jokainen tai suurin osa ajattelee näin."

"Jos teet niin, olet tyhmä."

Media ja manipulointi

"If you don't read the newspapers you are uninformed. If you do read them you are misinformed." – Mark Twain

Media vaikenee, vääristää, manipuloi kuvilla, jättää kertomatta, antaa vääriä tietoja, vedättää ja kohauttaa. Vastakkainasettelu ja suuret tunteet myyvät. Useat uutiset ovat määrätietoisesti kohdistettu vaikuttamaan ajatteluumme. Luonnollisesti tarvitaan myös useita toistoja. Medialla on valtaa. Media yrittää manipuloida sekoittamalla tuotetun sisällön asiantuntemuksen kanssa. Media hämää sinua venytetyillä ja väitetyillä tosiseikoilla tai tilastotiedoilla. Täysin objektiivista mediaa ei ole olemassakaan, useamman jutun takana on jonkin intressin ajaminen.

Huomionhakuinen media. Uutisten tarkoituksena on kiinnittää huomiomme. Joukkotiedotusvälineet päättävät, mitä he pitävät kannattavana uutisena ja mitä ei. Uutiset eivät välttämättä määräydy asiasisältönsä tai yhteiskunnallisen painoarvonsa ansiosta, vaan uutinen, joka myy parhaiten, nostetaan otsikoihin. Huomioarvon aikaansaamiseksi valhe voittaa usein totuuden. Tosin ero totuuden ja valheen välillä ei ole niin yksinkertainen. Molemmissa on lukemattomia muunnelmia ja vivahteita.

Suurin ero näiden kahden välillä on se, että valehtelu on helppoa, mutta tosiasioiden löytäminen vaatii kovaa työtä. Luhmanin mukaan joukkotiedotusvälineiden ongelma on se, että totuuden ja valheen ero ei ole välttämätöntä, toisin kuin esimerkiksi tieteellisessä järjestelmissä, joissa todentaminen on elintärkeää. Massamedia ei perustu siis totuuden etsimiseen, vaan se perustuu huomiohakuisuuteen.

Eniten huomiota saavat yleensä negatiiviset ja pelkoa aiheuttavat uutiset. Esimerkiksi viime helmikuussa (2018) Yle kertoi palautetusta irakilaismiehestä, joka Ylen tietojen mukaan heti paluunsa jälkeen tapettiin. Huomionarvoista tässä uutisessa on se, että meille ei kerrota, miksi henkilö kuoli. Mutta media halusi herättää huomiomme, luoda mielikuvan ja vaikuttaa asenteisiimme, että *palautettavat kuolevat.* Usein myös pelkoa aiheuttavilla uutisilla on meille jotakin henkilökohtaista merkitystä, mistä esimerkkinä maailmassa leviävä hengenvaarallinen virus *ebola.*

Tosiasioiden kieltäminen. Media jättää tosiasiat huomioimatta. Esimerkiksi Suomessa valtamedia suhtautuu myönteisesti maahanmuuttoon ja monikulttuurisuuteen. Ongelmana on se, että media antaa valtaosin positiivisen kuvan kyseisistä asioista, ja negatiiviset puolet, kuten maahanmuuttoon liittyvät ongelmat, jätetään käsittelemättä tai niitä vähätellään. Maahanmuuton oikeuttamiseen näkyy usein vastaavanlaisia otsikoita *Suomi kulkee kohti synkkiä aikoja – tarvitsemme lisää maahanmuuttajia.* Maahanmuuttoa perustellaan erilaisilla uhkakuvilla, kuten sillä, että kohta meillä ei ole veronmaksajia eläkkeisiin. Mikä kuitenkin jätetään mainitsematta, on se tosiseikka, että maahanmuutto on julkiselle taloudelle huomattava kustannuserä. Media vetoaa meidän tunteisiimme pelon, säälin ja myötätunnon kautta. Asian objektiivinen uutisoiminen edellyttäisi siihen kohdistuvien etujen ja haittojen arviointia avoimesti kaikista näkökulmista.

Tapahtumaa ei uutisoida mediassa. Media vaikenee; "jos sitä ei ole uutisissa, sitä ei ole tapahtunut". Lehdistö ei välitä tietoa tapahtumasta tai välittää tietoa minimalistisesti. Jos meillä ei ole tietoa tapahtumista, emme pysty saamaan selville, mitä on meneillään. Esimerkiksi vuonna 1994 oli Ruandan sisällissota. Kaksi alueen suurinta etnistä ryhmää aloitti toistensa tappamisen, josta seurasi kansanmurha. Ensimmäisen kansanmurhaviikon aikana Euroopan lehdistö ei välittänyt tietoa tapahtumasta, joten kukaan ei tiennyt murhista. Vasta toisen viikon aikana lehdistö raportoi tapahtumista, minkä seurauksena Ruanda sai apua

Euroopalta kansanmurhan lopettamiseksi.

Media vaikenee silmiinpistävän usein myös Suomessa tapahtuvien rikostapausten kohdalla, erityisesti jos tekijä sattuu olemaan alkuperältään ulkomaalaistaustainen. Ulkomaalaistaustaa ei mainita eli se yleensä jätetään kokonaan uutisoimatta, mutta jos tekijä oli suomalainen, se kyllä yleensä mainitaan, ellei sitä jopa korosteta. Sama pätee seksuaalirikosten kohdalla. Seksuaalirikoksia koskevien ilmoitusten määrä on räjähdysmäisesti kasvanut, nousua on ollut jopa 521%, mutta tästä vaietaan tai ainakin hyssytellään. Oulun raiskaustapauksessa joulukuussa 2018 teko oli tiedossa nuorten keskuudessa ennen kuin poliisi asiasta ilmoitti, mediasta puhumattakaan. Mediassa ilmiötä selitetään sillä, että nykyisin rikoksista ilmoitetaan poliisille aiempaa herkemmin, tai että taustalla on juurettomuutta ja ulkopuolisuutta ja lopuksi muistetaan varmuuden vuoksi vielä mainita, että kyllä suomalaisetkin syyllistyvät seksuaalirikoksiin. Mutta mahdollisista kulttuurisidonnaisista tekijöistä vaietaan. Media jättää sopivasti mainitsematta sen tosiseikan, että tietyissä valtioissa yksilöt syyllistyvät kaksi kertaa useammin väkivaltarikoksiin verrattuna esimerkiksi Euroopan maihin. Interpol on koonnut tilastoja rikollisuudesta maailmassa. Nämä ovat jaettu kolmeen päärotuun:

afrikkalaiset & karibialaiset valtiot, Eurooppa ja Kiina ja Japani. Afrikkalaisissa ja karibialaisissa valtioissa yksilöt syyllistyvät kaksi kertaa useammin väkivaltarikoksiin kuin ihmiset Euroopan maissa tai Kiinan ja Japanin kaltaisissa maissa, joissa ihmiset syyllistyvät kolme kertaa harvemmin rikoksiin kuin afrikkalaiset.

Marraskuussa 2018 media vaikeni GCM-sopimuksesta. GCM on massamaahanmuuton oikeuttava sopimus (globaali sopimus turvallisesta, järjestelmällisestä ja jatkuvasta maahanmuutosta). Sopimuksen sisällöstä ei julkisesti keskusteltu, ennen kuin sisareni nosti esille sopimuksessa olevia epäkohtia. Käytännössä kyseinen sopimus heikentää huomattavasti valtioiden omaa kykyä hoitaa itsenäisesti maahanmuuttopolitiikkaa. Valtion allekirjoitettua sopimuksen se velvoitetaan edistämään maahantuloa. Näistä epäkohdista media vaikeni, mutta väitti siskoni ymmärtäneen asian väärin. Muutama päivä myöhemmin useampi taho kritisoi kyseistä sopimusta kyseenalaiseksi asiakirjaksi. Lisäksi useampi maa kieltäytyi kirjoittamasta sopimusta juuri näiden sopimuksessa olleiden epäkohtien takia. Eduskunnan kyselytunnilla marraskuun lopulla siskoni vetosi vielä ministeri Soiniin, jottei Suomi lähettäisi edustajaa Marokon kokoukseen hyväksymään sopimusta. Soini painotti, ettei sopimusta olla menossa allekirjoittamaan ja kuinkas kävikään Suomen sisäministeri Kai Mykkänen hyväksyi 10.12.2018 GCM-siirtolaissopimuksen.

Vääristävät mielikuvat. Media käyttää hämärtäviä otsikoita ja vääristää mielikuvia. MTV.fi julkaisi (4.4.2018) kirjoituksen otsikolla: *"Historiallinen hetki koitti: Isä synnytti ensimmäistä kertaa Suomessa."* Kyseinen otsikko hämärtää sen tosiseikan, että vain nainen voi synnyttää. Biologisen sukupuolen mukaan henkilö on joko hedelmöittyvä tai hedelmöittävä. Miehellä ei voi olla naisen sukupuoli- ja synnytyselimiä. Lisäksi raskauden kulku vaatii naishormoneja.

Media vedättää ja harhauttaa. Mitä isommat kohumissi/-poliitikko- ja ei-asiasisältöiset otsikot, sitä todennäköisemmin olennaista uutisoitavaa löytyy sivuotsikoista, kuten huomiota herättämättömistä ja asiasävyisesti otsikoiduista artikkeleista, sivulauseista ja pienellä printillä kirjoitetuista "piilotetuista" asioista. Harhautuksen tarkoituksena on legitimoida subjektiivisuus sekä osatotuuden kertominen piilottamalla tärkeitä tietoja lauseista. Tyypillistä harhauttamista on myös tilastojen ja asiantuntijamielipiteiden julkaiseminen asiayhteydestä irrallisena. Oikeanlaisella kysymyksen asettelulla staattisen/erillisen tilaston tai asiantuntijalausunnon saa näyttämään jossain määrin uutisoitavan asian argumentointia tukevalta ja asiaankuuluvalta. Turhaan ei sanota: "vale, emävale, tilastot." Helsingin Sanomissa oli uutinen pääkaupunkiseudun rikostilastoista (2015) otsikolla: *"Turvapaikanhakijoiden määrä ei juuri näy rikostilastoissa"*, mutta poliisin tiedotteessa raiskausrikoksiin ulkomaalaistaustaisiin henkilöihin liittyvät raiskausepäilyjen määrä oli kasvanut 116 %. Syksyllä 2018 Ilta-Sanomat näpelöi poistamalla, epäämällä ja palauttamalla verkkokyselyn äänestystulosta. Puoluejohtajilta kysyttiin, mitä liikenteen päästöjen vähentämiseksi tulisi tehdä, ja lukijat saivat äänestää, kenen puoluejohtajan ajatukset olivat järkevimpiä. Halla-aho nousi heti ylivoimaiseen johtoon 80 %:n kannatuksella, kun ääniä oli annettu 9135, mutta sitten kysely katosi verkosta. Kysely tuotiin hetken päästä takaisin, mutta Halla-ahon nimi oli jätetty pois, ja kun ääniä oli annettu reilut 2000 kappaletta, Halla-aho palautettiin mainitsematta, että aikaisemmat lukijaäänet oli nollattu. Lopputulos näpelöinnistä huolimatta oli se, että Halla-ahoa kannatti yli puolet vastaajista (53 %).

Media ohjaa mielipiteitämme. Tarkastelemme tietoa ja samalla vertaamme sitä aikaisempiin mielipiteisiimme. Sama informaatio joko vahvistaa meidän aikaisempia

35

käsityksiämme tai se ei aiheuta muutoksia näkemyksiimme. Mielipiteemme muotoutuu informaation sisällyttämistä äärimmäisistä vihjeistä. Media yrittää kertoa meille, mitä meidän tulisi ajatella nostamalla vähäpätöisempi aiheita tärkeämmäksi ja tärkeämpiä aiheita vähäpätöisemmiksi. Suomessa valtamedia ei juurikaan kirjoita mitään positiivista Amerikan presidentistä Donald Trumpista. Trumpiin kohdistuville negatiivisille uutisille annetaan näyttävää julkisuutta, kun taas positiiviset sivutetaan ilman sen suurempaa huomioita. Hyvänä esimerkkinä tästä oli tämä niin sanottu "haravointi" kohu. Suomalaiset ymmärsivät väärin Trumpin käyttämän sanan "haravointi" (eng. "rake") ja pilkkasivat ja naureskelivat Trumpille sosiaalisessa mediassa jopa niin paljon, että tämä naureskelu huomioitiin BBC:ssä saakka. Mutta niin kuin elämässä usein käy, niin pilkka osuu omaan nilkkaan. Trump oli käyttänyt ihan oikeaa sanaa, ja oikeassa asiayhteydessä, kun taas suomalaiset olivat tulkinneet sanan "rake" väärin. Mutta huomionarvoista tässä on se, että saatu negatiivinen informaatio kyseisestä henkilöstä, vahvisti useiden henkilöiden negatiivista käsitystä kyseisestä henkilöstä entisestään.

Sosiaalinen media. Valhe leviää nopeammin ja on pitkäkestoisempi sosiaalisessa mediassa kuin totuus.

Ihmiset ovat herkempiä toistamaan väärää tietoa kuin oikeaa. Vosough tutki kollegoidensa kanssa tekemässä raportissaan 126 000 tarinaa, joita seurasi noin 3 miljoonaa ihmistä yli 4,5 miljoonaa kertaa. Tutkimusryhmä havaitsi, että valheelliset uutiset olivat 70 prosenttia todennäköisemmin uudelleen twiitattuja kuin todelliset tarinat. Totuuden leviäminen kesti kuusi kertaa kauemmin kuin valheellisen tiedon leviäminen, jotta se saavutti 1500 ihmistä. Myös tarkastelu Twitterissä osoitti, että vääriä uutisia uudelleen twiitattiin useammin kuin todellisia uutisia.

Sanojen käyttö. Jokaisella sanalla on jokin merkitys. Avainsanojen käyttö on keskeisessä roolissa. Negatiiviset avainsanat nostattavat pintaan negatiivisia tunteita, ja positiivisten sanojen käyttö nostattaa positiivisia tunteita. Seuraamukset vaihtelevat siitä, mitä sanamuotoja on käytetty tai kuinka paljon tietoa asiasta kullakin henkilöllä on. Tietoja upotetaan myös eri konteksteihin. Lisäksi tilastojen esitteleminen prosentteina tekee tiedosta negatiivisemman verrattuna pelkkien lukujen antamiseen.

Sensuuri. Valtamedian uusi strategia on sensuroiminen. Valtamediat pyrkivät viemään eteenpäin ainoastaan omaa poliittista agendaansa. Kansalaiskeskustelujen rajoittamisesta on tullut uusi normi, muun muassa keskustelufoorumi kiistanalaisesta GCM-sopimuksesta (mainittu yllä) suljettiin kokonaan vetoomusvaliokunnan toimesta Saksassa vedoten "vihapuheeseen". Suomessa muutama mediataho on jo poistanut nettikommentoinnin kokonaan tarjonnastaan. Muun muassa MTV3 on ilmoittanut lakkauttavansa erityisesti "maahanmuuttoa, turvapaikanhakijoita ja siirtolaiskriisiä" koskevan kansalaiskeskustelun. Bannaus-liipasin sosiaalisessa mediassa on erittäin herkässä, jos uskaltaa esittää edes rakentavaa kritiikkiä maahanmuuttolinjauksista. Kansalaiskeskustelujen kautta keskustelukulttuuri valuu yhteiskunnalliseen keskusteluun, ja tätä valtamedia ei halua, koska riski on liian suuri, jos kansalaiset sattuvatkin olemaan väärää mieltä. Valtamedia on huolissaan siitä, että nykyteknologialla kansalaisilla on mahdollisuus ja vapaus hakea tietoa ja tutkia tilastoja. Juuri uudet totuudet ja uudet tutkimustulokset ovat kulttuurimarxisteille tuhoisia. Mielenkiintoinen seikka tässä on se, että jos olet monikulttuurisuuden kannattaja, et tarvitse minkäänlaisia argumentteja sille, mutta jos olet monikulttuurisuuden kyseenalaistaja tai jopa vastustaja, niin minkäänlaiset argumentit eivät sinua pelasta. Eli mielipiteensä saa sanoa ääneen, jos se on vallitsevassa linjassa valtamedian kanssa, mutta jos se ei ole, niin varo, mitä ajattelet tai ääneen sanot. Avoimen keskustelun on väitetty uhkaavan demokratiaa, mutta eikö demokratia ole ennen kaikkea avointa keskustelua?

Kuvien valinta ja asettelu. Uutisten asettelulla ja kuvien valinnalla on vaikutusta. Esimerkiksi, mitä isompi kuva, sitä enemmän halutaan korostaa asian tärkeyttä. Jos kuva on otettu läheltä, se korostaa asian tai henkilön lähestyttävyyttä tai inhimillisyyttä. Myös kuvan kohteen ilmeellä on vaikutusta: onko se ystävällinen, luotaantyöntävä, uskottava vai naurettava. Onko kuva tarkka vai epämääräinen.

Vaihtoehtomedia. Myös vastakohta- tai valemediaksi kutsuttu media on vaihtoehto perinteiselle valtamedialle, jossa julkaistaan vaihtoehtoista tietoa. Valtamedian mukaan vaihtoehtoinen media ei toimi journalistisin periaatteiden mukaisesti ja vääristelee faktoja, kun taas vaihtoehtomedia kritisoi valtamediaa jatkuvasta totuuden muuntelusta. Kumpi on oikeassa ja kumpi valehtelee? Vai valehtelevatko molemmat? Ei voi olla niin, että maailmaan mahtuu vain yksi totuus kerrallaan ja muut mielipiteet ovat trollausta. Onneksi tosiasiat pysyvät tosiasioina, ja niiden paikkansapitävyys tulee voida tarkistaa niin valtamedian kuin vaihtoehtoisen median toimesta.

Seuraukset

Medialla on valtaa, se muokkaa mielipiteitämme, manipuloi kuvilla, jättää kertomatta, piilottelee asioita, ja antaa vääriä tietoja. Toimittajat manipuloivat kirjoittamalla myötätuntoa herättävästi, ilkkuvasti, syyllistävästi tai tosiasioita sekoittamalla. Kaikki tämä on osa manipulaatiota, joilla pyritään vaikuttamaan lukijan asenteisiin. Poliittiset mielipiteet vaikuttavat toimittajien uutisointiin. Toimittajat eivät ole objektiivisia, jokaisen jutun takana on joku ja jonkun intressi. Mediasta on tullutkin niin sanottu agendamedia. Suomessa suomalaisille yritetään syöttää punavihreää, sukupuolineutraalia, islam-myönteistä ajatusmaailmaa valtamedian ja tiedotusvälineiden toimesta. Ja mitä tulee turvapaikanhakijoihin ja turvapaikkapolitiikkaan, niin negatiivisia uutisia et juurikaan valtamediasta löydä, ainoastaan positiivisia tai neutraaleja. Media vetoaa meidän tunteisiimme säälin ja myötätunnon kautta. Media luo esimerkiksi erilaisia mielikuvia hukkuneista pakolaisista, nälkäänäkevistä lapsista ja voimattomista äideistä. Media haluaa vaikuttaa asenteisiimme. Mutta se, että vääristellään ja jätetään mainitsematta, on silkkaa manipulointia.

Länsi-Australian yliopiston tutkimuksessa psykologit havaitsivat, että ihmiset uskovat helpommin valheelliseen tai väärään tietoon, koska siihen uskominen vie vähemmän aivokapasiteettia. Tietojen hylkääminen vaatii kognitiivista työtä, eli on paljon haastavampaa olla uskomatta tarjolla olevaa tietoa. Lisäksi jos aihe ei ole lukijalle tärkeä tai hänellä on muitakin asioita mielessään, tulee hän todennäköisesti harhaan johdetuksi, koska jatkuva tietotulva kuormittaa aivoja henkisestiniin paljon, että aivot antavat periksi. Tätä kutsutaan kognitiiviseksi ylikuormaksi, joka tarkoittaa sitä, että aivojen kognitiiviset voimavarat ovat ylikuormitettuja, ja koska valheen tunnistaminen on haastavaa työtä, aivomme ei voi käsitellä kuin vain tietyn määrän uutisia. Toisin sanoen kun joka puolelta tulee niin paljon erilaisia uutisia, aivomme jossain vaiheessa pysähtyvät ja luovuttavat. Ja oletus tässä vaiheessa on siis se, että kaikki on totuutta. Ja vaikka epäilisimme uutisen luotettavuutta, kiinnitämme todennäköisesti huomioita valheen etsimisen sijasta siihen, ovatko tiedot sopivia muiden asioiden kanssa, joihin uskomme. Ovatko ne linjassa sen kanssa, mitä haluamme kuulla? Ketkä kaikki uskovat siihen? Sopiiko tieto poliittiseen, uskonnolliseen tai sosiaaliseen näkemykseemme? On todettu, että henkilökohtainen maailmankatsomus voi olla erityisen vaikea este ylittää tiedon omaksumisessa.

Lisäksi media harjoittaa toistoja, ja toistot vastaavasti vaikuttavat meihin. Jos kuulemme jonkun asian tai tiedon riittävän usein, alamme uskoa siihen, olipa se totta tai ei. Vuonna 2015 tehdyssä tutkimuksessa tutkijat osoittivat, että jos ihmiset toistivat tiettyä lausetta riittävän monta kertaa, alkoi toistettu asia näyttämään todelta.

Media on rehellinen niin kauan kuin julkaistavat asiat ja uutiset ovat linjassa sen kanssa, mitä media haluaa meidän kuulevan. On tärkeä tiedostaa, että media ajaa aina agendaa, poliittista tai ideologista. Ihmisyys ja subjektiivisuus käyvät käsi kädessä. Ja vaikka media haluaa meidän uskovan, että se edustaa asiantuntemusta kaikilla aloilla, on tämä käytännössä mahdottomuus. Tämä on ainoastaan median pyrkimys hämätä meitä asiantuntemuksella, venytetyillä ja väitetyillä tosiseikoilla tai tilastotiedoilla. Median ensisijainen tavoite on huomion herättäminen, katsojalukujen tai levikin kasvattaminen, ei totuuden etsiminen.

II. Kieli manipuloinnin välineenä

"Perustyökalu todellisuuden manipulointiin on sanojen manipulointi. Jos hallitset sanojen merkitystä, hallitset ihmisiä, joiden on käytettävä niitä. "- Philip K. Dick

Kieli manipuloinnin välineenä

Puhe on ainutlaatuinen sosiaalisen viestinnän väline. Kieli on ennen muuta sosiaalinen ilmiö. Kielitieteilijä Paavo Ravilan mukaan kieli sellaisenaan ei voi sisältää mitään muuta kuin mitä ihminen on pannut sen sisältämään. Kieli itsessään on ajaton ja abstrakti merkkijärjestelmä. Psykologisesta näkökulmasta kieli on ihmisen perusominaisuus. Puheen ymmärtäminen ja tuottaminen rakentuvat vahvasti sanojen merkityksiin. Puhe ja sen mahdollistama sosiaalinen kommunikaatio on tuonut ihmiselle kyvyn ilmaista itseään vaihtelevassa maailmassa. Maailma muuttuu, kieli muuttuu, osa termeistä katoaa ja uusia tulee tilalle, vanhoja termejä muokataan ja osa termeistä saa uusia merkityksiä. Kieli muuttuu siis ajan saatossa, mutta kielen kautta manipuloinnissa kieltä *muutetaan*, ja silloin entiset merkitykset häviävät ja muuttuvat. Muuttumisen (mutatoida, muuntua) ja muuttamisen (muokata, vaihtaa) välillä on vissi ero! Kielen kautta manipuloinnissa sanan merkitys itsessään jää taka-alalle, ja lähdetäänkin harhaanjohtavasti väittelemään sanan merkityksestä ja keksimään korvaavia termejä niin, että sanan alkuperäinen merkitys katoaa. Sanojen merkityksistä tulee sumeita ja tulkinnanvaraisia.

45

Kielen manipulointi

Kielen manipulointi tapahtuu verbaalisten keinojen avulla, joiden tavoitteina on päästä konkreettisesti muuttamaan kuuntelijan toimintaa, uskomuksia sekä käsityksiä. Manipulaatio sisältää keskeisiä elementtejä, kuten erilaisten illuusioiden luomista, tarkoituksellisesti negatiivisen kuvan antamista joko puhujasta tai puhutusta sekä väärien käsitysten levittämistä. Lisäksi manipuloinnissa käytetyt epämääräiset, vaikeaselkoiset sekä virheelliset ilmaisut edesauttavat objektiivisen todellisuuden vääristymistä. Henkilö ei pysty enää vastaanottamaan viestejä kriittisesti, lisäksi hänen käyttäytymistään manipuloidaan hyödyntämällä hänen heikkouksiaan. Manipulaatio on negatiivinen sosiaalipsykologinen ilmiö, jolla on tuhoisia vaikutuksia yksilöihin sekä yhteiskuntaan. On todettu, että manipulointi vastustaa "pragmaattista totuutta", kun taas valhe vastustaa "semanttista totuutta". Manipulointi on toteutunut, kun kuuntelija on kontrolloitavissa eikä enää näe metsää puilta.

Media (ks. kohta media ja manipulointi). Medialla on keskeinen rooli kielen manipuloinnissa. Otamme jatkuvasti tietoa vastaan niin joukkotiedotusvälineistä,

46

netistä kuin sosiaalisesta mediasta, ja tämä helpottaa median manipulointia. Media ohjaa meitä kertoen meille mitä ja miten meidän tulisi ajatella. Media ohjailee kiinnostuksemme tasoa, esimerkiksi toisille uutisille annetaan enemmän huomiota kuin toisille. Uutisoinnissa jokaisella sanalla on merkitys. Kiinnitämme eniten huomiota pelottaviin aiheisiin ja meitä puhutteleviin sanoihin. Annettu informaatio manipuloi meitä ajattelemaan tietyllä tavalla. Lisäksi me ihmiset haluamme uskoa asioihin, joita me kuulemme. Ensisijainen olettamuksemme on se, että mitä kuulemme, on totta. Ja tätä taipumustamme on vaikea muuttaa. Useimmat meistä ovat haluttomia käyttämään kognitiivisia resurssejamme kyseenalaistamaan asioita, vaan uskomme, että "koska se oli uutisissa, sen täytyy olla totta!". Ja media tietää tämän.

Kieli tarjoaa monia välineitä manipulointiin

Sanat satuttavat, niillä voidaan tuhota toisen itsetunto, ihmisarvo ja jopa toisen identiteetti. Psykologisessa manipulaatiossa viestinnän kautta ei ainoastaan pyritä hallitsemaan toista henkilöä, vaan pyritään tekemään vahinkoa toiselle.

Alla on mainittu muutamia käytössä olevista kielen manipulointikeinoista:

1) Totuuden venyttäminen.

Tosiasioita manipuloidaan, henkilö ei enää tiedä, mikä on totta ja mikä tarua.

2) Kielen tarkoituksellinen muuttaminen.

Tarkoituksenhakuisessa kielessä muokataan kielellisiä määritelmiä uudelleen joko lisäämällä tai poistamalla sanoja tai antamalla sanoille uusia merkityksiä. On selvä, että kieli muuttuu ajan saatossa, mutta nyt kieltä on alettu strategisesti muuttamaan, ja olemme tämän strategian uhreja. Muuttumisen (mutatoida, muuntua) ja muuttamisen (muokata, vaihtaa) välillä on selkeä ero. Tarkoituksenhakuinen kieli on rakenteeltaan usein kärjistettyä. Orwellin mukaan kielen strategisella muuttamisella on tarkoituksena vähentää kielen ja sanojen merkitystä. Tämä tapahtuu siten, että kaikki tunnusmerkit, synonyymit, ovat vanhentuneita, esim. sanan *"hyvä"* vastakohta korvataan sanalla *"epäsopiva"* huonon sijaan.

Kieltä on myös alettu tarkoituksellisesti muuttamaan sukupuolineutraaliksi (ks. kohta sukupuolineutraali kieli), esimerkiksi Aamulehti ilmoitti viime vuonna pyrkivänsä sukupuolineutraaliin kielenkäyttöön. Sukupuolineutraalin kielen tavoitteena on kohdella kaikkia sukupuolia tasa-arvoisesti, mutta sukupuolineutraali kieli poistaa sanoista tarkan

48

kuvauksen ja jättää meille epämääräisen kuvan siitä, mitä sana loppujen lopuksi tarkoittaa. Sanojen alkuperäinen tarkoitus hämärtyy uusien sanojen myötä. Sukupuolineutraali kieli johtaa ihmisiä harhaan epämääräisillä termeillään.

Kielen tarkoituksellinen muuttaminen johtaa loppujen lopuksi siihen, että kieli yksinkertaistetaan siihen pisteeseen, jossa emme enää hallitse mitä sanomme, ja kieli jopa määrää, mitä mieltä olemme. Tällaisilla kielellisillä ilmaisuilla pyritään tarkoituksenhakuisesti vaikuttamaan henkilön ajatuksiin ja ajattelutapaan. Tämä palvelee vallankäyttäjien motiiveja ja tarvetta, ja tarkoituksena on uhrin ajatusten ja kyvyn ilmaista kriittisiä ajatuksia heikentäminen. Tämä kaikki täyttää psykologisen manipuloinnin kriteerit. Lopputuloksena on eläminen totalitaristisessa järjestelmässä.

3) Metaforan (kielikuva, vertauskuva) käyttö.

Kielen manipulointi toimii metaforien avulla. Metaforien ensisijainen merkitys aktivoituu riippumatta siitä, vaatiiko konteksti sitä vai ei. Stanfordin psykologit Thibodeau ja Boroditsky ovat tutkineet, kuinka kuuntelijan huomiota voidaan ohjailla. Tutkimuksessaan he esittivät osanottajille rikostilastoja, näihin tilastoihin oli sisälletty teksti, joka esitteli rikollisuuden joko *"petona"*, joka "väijyy, vaanii ja saalistaa" tai "viruksena", joka on "infektio, kiusa tai vaiva". Kun osanottajia pyydettiin ratkaisemaan kaupungissa vallitseva rikollisuusongelma, niin ne, joille rikollisuus esitettiin "petona", tarjosivat ongelman korjaamiseksi rikollisten vangitsemista, lakien täytäntöön panemista, lainvalvontatoimia ja rikollisten rankaisemista. Ne, joille rikollisuus esitettiin "viruksena", tarjosivat ongelman korjaamiseksi vastaavasti uudistustoimenpiteitä, kuten diagnosoimista, käsittelemistä tai rokottamista. Ihmiset eivät siis ymmärrä, että metaforia ei pitäisi ottaa täysin kirjaimellisesti. Aivotutkimuksissa on käynyt esille, että aivot aktivoituvat eri tavalla mm. sanoista, jotka ovat käsin kosketeltavissa verrattuna sanoihin, jotka eivät ole, esimerkiksi "idea"-sana aktivoi aivoja eri lailla kuin sana "objekti".

4) Positiiviset sanat ja negatiiviset sanat.

Sanojen valinnassa keskitytään joko positiivisiin sanoihin ja piilotetaan negatiivinen tieto tai painotetaan negatiivisia sanoja, jolloin asiaan suhtautuminen ohjaillaan negatiiviseen suuntaan. Myös sanamuoto ratkaisee paljon, ja niihin liitetty informaatio voi vaikuttaa merkittävästi henkilön tapaan ymmärtää asia.

Positiivisia sanoja käytetään esimerkiksi kuvailemalla

elintarvikkeita lauseella *"ei sisällä sokeria"*, mutta jätetään mainitsematta, että tuote on makeutettu aspartaamilla. Myös epäsuosittujen päätösten esittäminen pyritään esittämään tarpeelliseksi, jopa paremmaksi tulevaisuudeksi, ja meille omaksi hyödyksi. Tästä esimerkkinä jo lähes klassiseksi lauseeksi muodostunut *"Hei, me tienataan tällä"*. Tästä seuraa se, että ihmiset alkavat aidosti uskomaan, että heidän nyt tekemänsä uhraus johtaa jossain vaiheessa parempaan tulevaisuuteen. Vaarana tässä on kuitenkin se, että ihmiset tottuvat alempaan elämänlaatuun ja alkavat nähdä sen normaalina. Kunnes tulee se päivä, että ihmiset lopulta heräävät kuplastaan ja erottavat asioiden nykytilan (hei, ei me tienattukaan tällä...) ja pysähtyvät vaatimaan heille kuuluvia asioita.

Negatiivisia sanoja viljellään silloin, kun halutaan manipuloida ihmisiä jotakin asiaa tai henkilöä vastaan. Negatiivisten sanojen viljely voi tapahtua pikku hiljaa progressiivisesti tai välittömästi. Esimerkiksi Yhdysvaltain presidentti Trumpia käsitelleet uutiset ovat olleet pääosin negatiivis- painotteisia eri puolilla maailmaa.

    5) Puheenaiheen vaihtaminen.

Puheenaiheen vaihto on varsin yleinen manipulointi keino kääntää keskustelu sivuraiteille: kun yhdestä asiasta keskustellaan, niin samoihin aikoihin nostetaan toinen aihe, joka ei liity alkuperäiseen aiheeseen, varsinaisen tutkan alle. Tämän strateginen vaikutus on se, että kuuntelijan huomio kohdistuu sopivaan suuntaan. Tässä on kyse harhauttamisesta. Ja tästä seuraa se, että ihmiset eivät muista enää tiettyjä asioita, koska tiedotusvälineet eivät enää puhu niistä. Todelliset ongelmat jäävät taka-alalle.

6) *Vääristelevät tosiasiat.*

Vääristelevät tosiasiat perustuvat usein yleisiin uskomuksiin. Mainoksissa näkee tästä paljon esimerkkejä tästä, esimerkiksi väite *"Yhdeksän kymmenestä lääkäristä suosittelee tätä x-laihdutusainetta..."*. Tämä väite perustuu enemmänkin tilastokikkailuun kuin tosiasiaan.

Toinen esimerkki, jossa on mahdotonta sanoa, onko se totta vai tarua, liittyy pohditaan *"Liittyikö Suomi euroon perustuslainvastaisesti?"*. Tätä pohdittiin muun muassa Satakunnan Kansassa. Suomen liittymisestä euroalueeseen päätettiin eduskunnassa keväällä 1998, ja päätös tuli voimaan tammikuussa 1999. Euroalueiseen liityttiin hallituksen tiedonannolla, jonka eduskunta hyväksyi äänin 135–61. Väyrynen kritisoi menettelytapaa, sillä hänen mukaansa päätös olisi pitänyt tehdä perustuslainsäätämisjärjestyksessä, joka olisi vaatinut 2/3 enemmistön eduskunnassa. Väyrysen mukaan Niinistöllä oli keskeinen rooli Suomen viemisessä euroon. Artikkelin mukaan Väyrysen väite on hyvin lähellä totuutta, mutta ei mainita tarkemmin miltä osin. Lukijalle jää siis epäselvä ja vääristävä kuva totuudesta. Itä-Suomen professori jatkaa samalla linjalla, ja hänen mukaansa väitteestä on mahdotonta sanoa, onko se totta vai tarua. Selityksenä vedotaan kategoriavirheeseen, mitä se sitten ikinä tarkoittaakin. Koska vanhassa valtiosäännössä luki, että Suomen rahayksikkö on markka, niin eikö silloin olisi pitänyt käyttää perustuslain säätämismenettelyä? Tämä väite on joko lähellä totuutta tai kaukana totuudesta, se on jotain sinne päin, lähellä totuutta. On mahdotonta sanoa, onko se totta vai tarua.

7) Vääristävät mielikuvat.

Vääristävien mielikuvien kautta on tarkoitus hämärtää sanan alkuperäinen tarkoitus. Asioista tulee jotain sinne päin ja on mahdotonta sanoa, onko asia totta. Alla muutamia esimerkkejä vääristävistä mielikuvista.

- "Sukupuoli *korjattiin*". Korjaaminen tarkoittaa jonkin rikki menneen esineen tai asian korjaamista. Sukupuolta ei siis korjata, vaan

53

sukupuoli muutetaan. Mutta sanalla "korjata" luodaan sellainen mielikuva, että sukupuoli oli mennyt rikki ja se pitää korjata.

- Isän- ja äitienpäivän tilalle on ehdotettu *"lähimmäisen päivää"*. Lähimmäinen tarkoittaa läheistä ihmistä, oman kansan jäsentä, ystävää. Tietenkin äiti ja isä voivat olla kaikkea tätä, mutta läheinen ystäväni ei ole minua synnyttänyt, vaan biologinen äitini, eikä minua ole siittänyt joku kansan jäsen vaan biologinen isäni.

- *Pikku nisäkäs.* Vihreiden kansanedustaja sanoi, että kutsuu lapsiaan pikku nisäkkäiksi. Jokaisella on tietenkin oikeus kutsua lapsiaan parhaalla valitsemallaan tavalla, mutta sana "pikku nisäkäs" ei kuvaa lasta. Nisäkäs on tasalämpöinen, selkärankainen eläin, joka yleensä synnyttää eläviä poikasia. Lapsi ei ole eläin.

- Ruotsissa sana kuten "synti" (synd) korvataan nyt uuskielen sanalla "brustenhet", joka tarkoittaa lähinnä "rikkinäisyys". Synti-sanan synonyymi ei ole rikkinäisyys. Synti on lankeemus, väärä teko ja harha-askel, kun taas "rikkinäisyys" murtunut, särkynyt ja viallinen.

- "Sukupuolen vaihdoksen" (sex change) sijaan tulee käyttää sanaa "siirtymä" (transition). Vaihdos tarkoittaa muutosta, korvaamista ja vaihtamista, kun taas siirtymä tarkoittaa enemminkin siirtymistä johonkin.

8) *Monimutkaisten sanojen käyttö.*

Tehokas manipulointikeino. Monimutkainen jargon ja hienolla samoilla kikkailu ovat taktiikoita, joita käytetään usein. Ihmiset eivät ymmärrä, mistä on kyse, ainakaan täysin, mutta eivät myöskään halua paljastaa tietämättömyyttään.

9) *Löyhät johtopäätökset. Katteettomat lupaukset.*

Kosmetiikkavalmistajat ja elintarviketeollisuus ovat erityisesti tässä kunnostautuneet. Esimerkkejä lupauksista: *"Tällä x-tuotteella eroon rypyistä"*, *"Tämä vauvanruoka on kotitekoista sisältäen tarpeellisia ravintoaineita, joita vauvasi tarvitsee kasvamiseen"*, *"X-tuotteet ovat ilman turhia kaloreita, sisältäen kuitenkin kaikki kehosi hyvinvoinnille tärkeät vitamiinit ja kivennäisaineet".*

10) *Rajoitettu erä. Loppuunmyynti.*

Usein niukkuus on valmistajan keksimä illuusio. Tuote näyttää paljon houkuttelevammalta, jos niitä on saatavilla vain vähän. Kun henkilö näkee esimerkiksi mainoksen, jossa lukee *"rajoitettu erä"*, hänelle tulee tarve ostaa tuote, ennen kuin se on loppuunmyyty. Tässä on kyse "alhaisesta harhasta" ja jonkin asteen ultimaatumista, jossa henkilölle annetaan vain vähän aikaa päättää *"kaikki tai ei mitään"*. Tämä manipulointikeino aiheuttaa ahdistusta ja tunnepitoista kärsimystä.

11) Tunteisiin vetoaminen, pelottelu ja syyllistäminen.

Tunne on oiva manipuloinnin väline. Tunteisiin vetoaminen perustuu haluun herättää kuulijan sympatia. Tyypillisin keino on ensin levittää huhuja, joilla vedotaan tunteisiin, joskus jopa viljellään pelkoa. Kun henkilöiden huomio ollaan saatu, niin sen jälkeen ehdotetaan ideoita asian arvioimiseksi ja lopulta tarjotaan strategioita ongelmanratkaisuun. Eli näin manipulaattorista tulee ongelmanratkaisija, niin sanottu hyvis. Tiedotusvälineillä on hyvin tarkka tapa kuvata tapahtumat. Esimerkiksi muutama vuosi takaperin suomalaisia peloteltiin sikainfluenssan vaarallisuudesta ja ongelman ratkaisuksi alettiin tarjoamaan hätäisesti kokoon kyhättyä rokotetta.

Pelottelun lisäksi meitä syyllistetään. Media ei ota vastuuta sanoistaan, vaan vastuu vieritetään jonkun toisen harteille. Esimerkiksi medialla on ollut taipumus syyllistää vakavasti sairastuneita terveytensä laiminlyönnistä. Syy on siis sairastuneessa, ja usein syytetty alkaakin epäillä omia tekemisiään ja pahimmassa tapauksessa ottaa syyn niskoilleen asiasta, johon ei välttämättä ole syyllinen. Tunteisiin vetoava manipulointi tuo ihmisille jatkuvan uhkan ja pelon tunteen, ja tekee meistä haavoittuvaisia.

12) Dissaaminen.

Meitä myös dissataan. Ironian ja mustan huumorin käyttäminen on yksi psykologisista manipulointimuodoista. Manipulaattori pyrkii dissaamaan meitä ja tällä tavalla samaan psykologisen yliotteen meistä väittämällä esimerkiksi, että *"Olet ymmärtänyt asian väärin"*.

13) Toistot.

Usein tarvitaan vain yksi henkilö tai taho, joka käyttää loputtomasti samaa lausetta ja tällä tavalla saa meidät vakuuttuneiksi lauseen paikkansa pitävyydestä. Tällaisessa toiston manipuloinnissa tarkoituksena on saada vietyä kyseisen henkilön tai tahon oma agenda läpi. Esimerkiksi ei voi olla mainitsematta lausetta, jota on viime vuosina viljelty aika moneen otteeseen eli *"Monikulttuurisuus on rikkaus"*. Kun samaa asiaa (lausetta) toistetaan riittävän monta kertaa, niin skeptisemmätkin meistä alkavat pikku hiljaa uskomaan siihen. Kun sanaa tai lausetta käytetään johdonmukaisesti ja usein, siirtyy se kollektiiviseen tietoisuuteemme.

Lisäksi toistuva asian kieltäminen, esimerkiksi lauseet: *"Sitä ei tapahtunut"*, *"Vain typerys voi ajatella noin!" ja "Olet vain kuvitellut sen!"* saavat meidät epäilemään itseämme. Yksi varsin tehokas manipulointikeino on se, että sinulle väitetään *"sinun kanssasi on ihan mahdotonta keskustella"*, tai *"en halua keskustella siitä juuri nyt"*. Manipulaattori välttelee tai lopettaa puhumisen ja näin sinulta evätään keskustelu, koska toinen ei suostu. Vetoaminen tietämättömyyteen on puolestaan klassinen passiivis-aggressiivinen manipulointitaktiikka tyyliin *"en ymmärrä mitä tarkoitat"*. Tällaiset väitteet sekoittavat todellisuudentajuamme ja pahimmillaan alamme epäilemään mielenterveyttämme ja kykyämme luottaa itseemme. Alamme uskomaan väitteisiin ikään kuin totuuksina omien kokemustemme sijaan.

Orwell ja uusi kieli

Orwellin teoksen "Nineteen Eighty-four" mukaan kieli on nimenomaan mielenhallinnan väline. Kieli on keskeistä ihmisen ajattelulle. Kielen avulla rakennamme, rajoitamme, muodostamme ja ilmaisemme. Jos kielen rakennetta muutetaan tai hallitaan, niin sanoista tulee loppujen lopuksi pelkkää sanahelinää, joilla ei ole enää mitään sanomaa tai tarkoitusta. Ja jos sanat eivät tarkoita tai sano mitään, kukaan ei pysty niitä kyseenalaistamaan. Ajattelutapa tehdään kirjaimellisesti mahdottomaksi. Orwellin mainitsee kirjassaan käsitteen "newspeak", joka koostuu mm. lyhenteistä. Lyhenteet ovat yleisiä totalitaarisissa maissa. Lyhenteiden etuna on se, että niiden merkitys on rajoitettu ja muutettu siten, että kaikki yhteydet poistetaan. Jokainen käsitys, jota voidaan tarvita, ilmaistaan täsmälleen yhdellä sanalla. Joka vuosi sanat vähenevät, ja tietoisuus kapenee ja tulee aina vain pienemmäksi. Tämän tarkoituksena on tehdä kaikki muut ajattelutavat mahdottomiksi ja siten poistaa kaikki harhaoppiajatukset. Argumentit vähenevät niin, että olen joko hyvä tai paha, ilman selittelyjä. Lyhenteet muuttavat merkitystä katkaisemalla sen useimmista yhteyksistä, jotka kuuluivat siihen ennen lyhennettyä versiota. Lyhenteet tekevät sanoista epäselviä ja haavoittuvaisia väärinkäytöksille. Lyhentämisen lisäksi sanoja supistetaan. Newspeakia kehitetään koko ajan, mutta tämä kehitys käytännössä tarkoittaa sanojen vähentämistä, yksinkertaistamista niin, että kielestä tulee puritaaninen: esimerkiksi sana "pöllö" tarkoittaa vain lintua, ei enää viisasta henkilöä. Lisäksi Orwellin yhteiskunnassa ilmenee niin sanottua doublethink-ajatusta, jossa kansalaiset pystyvät hyväksymään kaksi erilaista, itse asiassa vastakkaista, toisiaan kieltävää faktaa.

Poliittiset ryhmät käyttävät usein Orwellin mainitsemaa Newspeak-ohjelman periaatetta, kun he kehittävät näkemyksiään myönteisellä tavalla, jotta saataisiin aikaan positiivisia tunteita. Vanhoja termejä korvataan uusilla, myönteisimmillä. Esim. kuolemanvero on korvattu kiinteistöverolla. Tällainen uuden nimen antaminen vanhalle sanalle vapauttaa termin merkityksen sen negatiivisista piirteistä, ja uusi termi koetaan joko myönteiseksi tai kielteiseksi päättäjien tarkoitusperien mukaisesti. Päämääränä on poistaa sekä ei-toivotut että sivumerkitykset pois sanoista.

Newspeakissa vallankäyttäjät määräävät kielen, käsitteiden poistamisen ja keinotekoisten käsitteiden luomisen kautta. Ja koska ajattelumme on osin kielellistä, vallankäyttäjät määräävät tekemisemme ja ajattelumme. Jos kielestä poistetaan sanoja, Orwellin mukaan ihmiset eivät voi enää ajatella niitä asioita. Henkilö luulee, että toimii omasta vapaasta tahdostaan, vaikka todellisuudessa onkin vallankäyttäjien marionetti.

Orwellin mukaan tiedottaminen on valtaa pitävien

hallinnassa. Kaikki mitä julkaistaan, muutetaan sellaiseen muotoon, mikä parhaiten palvelee päättäjien tarkoitusperiä ja päämääriä. Totalitaarisessa valtiossa media ei ole puolueeton, ja valheet sekä muunneltu totuus ovat yleisiä tiedottamisen vaikuttamiskeinoja. Heidän tarjoamassaan propagandassa vedotaan tunteisiin ja sekoitetaan totuus ja fiktio. Tyypillistä on käyttää vain muutamaa iskulausetta niin kauan, että jokainen pystyy ne mielessään ymmärtämään. Iskulauseita viljellään ja ne ovat näkyvästi esillä. Filosofian lisensiaatin, kulttuurien tutkijan Hannu Virtasen mukaan tehokkaita vallankäytön uudissanoja, joita voi myös muuntaa itseään hyödyttävään käyttöön, ovat muun muassa *globalisaatio* (perustellaan vapaalla kanssakäymisellä, mutta todellisuudessa sijoitusten vapaus yritetään legitimoida), *salaliittoteoria* (väittämällä salaliittoteoriaksi tukitaan useimpien suut), *humanitaarinen interventio* (puhutaan inhimillisestä väliintulosta, vaikka kyse usein on epäinhimillisestä sekaantumisesta).

Lopputuloksena kielelle jää enää kaksi perustehtävää, ja nämä ovat taivuttelu ja käskeminen, jossa pääpaino on tietenkin käskemisessä. Sanallisen aivopesun avulla kontrolloidaan, hallitaan ja säännellään, ja aivopesu on jatkuvaa kielen muokkaamisien ja erilaisten

61

informaatioiden avulla. Aivopesulla vaikutetaan henkilön kognitioon hänen tiedostamattaan, niin sanotut väärät ajatukset pyyhitään pois henkilön kognitiosta, tiedosta, ajattelusta ja muistista, ja näin henkilöiden todellisuus tulee rakentumaan valheiden varaan, koska muuta tietoa ei ole enää tarjolla.

Yhteiskunta on menossa koko ajan yhä enenevässä määrin orwellilaiseksi. Tiedotusvälineet julistavat enemmän tai vähemmän vain yhtä totuutta. Maahanmuuttoa tai EU:ta ei saa kriittisesti arvostella, sensuuri ei ainoastaan ole lisääntynyt vaan se kukoistaa. Hannu Virtasen mukaan Suomi liittyi virallisesti Orwellin valtakuntaan jo vuonna 1994. Samanlainen yhden totuuden ilmiö oli myös silloin nähtävissä. Vaikka EU:hun liittymisestä pidettiin kansanäänestys, niin ennen äänestystä vallitsi valtava propagandakampanja EU:n puolesta, mitään kriittisesti tarkasteltavia puheenvuoroja ei juurikaan mennyt mediassa läpi. Meitä manipuloitiin jo silloin, ja tämä manipulointi vaan jatkuu ja saa yhä räikeämpiä muotoja. Vaikutukset ovat jo nähtävissä, meidän ajatteluamme on jo nyt onnistuttu rajoittamaan muun muassa sensuroimalla, harjoittamalla erilaisia toistoja, supistamalla sanavarastoamme ja sukupuolineutralisoimalla kieltä. Tämä kaikki lisää valtamedian asemaa ja antaa sille entistä enemmän ja monimuotoisempia vaikuttamisen ja manipuloinnin mahdollisuuksia. Orwellin kirjassa tämä kaikki tiedotus tapahtuu televisioruudun välityksellä, jonka kautta henkilöitä tarkkaillaan, käskytetään ja manipuloidaan yötä päivää. Oikeat ajatukset istutetaan ihmisten päihin ruudun välityksellä. Nykyiset Smart-puhelimet ja televisiot mahdollistavat Orwellin vision.

Sukupuolineutraalikieli

Sukupuolineutraali kieli muokkaa käsityksiämme sukupuolesta. Sukupuolineutraali kielenkäyttö ei ole mikään uusi trendi, vaan se on vanhan "ismin" lämmittelyä. Tätä trendiä yritettiin jo marxilaisfeminismin vallankumouksen aikana, jossa tavoitteena ei ollut sukupuolten välinen tasa-arvo, vaan sukupuolierojen sekoittaminen ja hävittäminen. Tuolloin tässä yrityksessä epäonnistuttiin, mutta nyt asia on jälleen tapetilla.

Sukupuolineutraali kieli herättää paljon ajatuksia ja keskusteluja. Argumentteja riittää, niin puolesta kuin vastaankin.

Argumentteja sukupuolineutraalin kielenkäytön puolesta:

63

Tasa-arvo. Sukupuolineutraali kieli kohtelee kaikkia sukupuolia tasa-arvoisesti. Tutkimuksissa on käynyt ilmi, että sukupuolisidonnainen kieli harjoittaa sukupuoleen perustuvaa syrjintää. Bernissä tehdyssä tutkimuksessa erotettiin kolmentyyppisiä kieliä: 1) kieliopilliset sukupuolikielet, joissa jokaisella substantiivilla on sukupuoli (esim. saksa, ranska, tšekki), 2) luonnolliset sukupuolikielet (esim. englanti, ruotsi), sekä 3) sukupuolettomat kielet (esim. suomi, turkki). Tutkimuksessa kävi ilmi, että sukupuolten väliset epäsuhdat ovat näkyvämpiä kieliopillisissa sukupuolikielissä kuin luonnollisissa tai sukupuolettomissa kielissä.

Vasta-argumentti: Sukupuolisidonnaisen kielen käyttäminen ei välttämättä edistä tasa-arvoa, eikä se ainakaan vastusta sitä. Tasa-arvoa edistetään todennäköisemmin toimintamme kuin kielemme kautta. Kielen alkuperäisenä tehtävänä on kommunikoiminen, ei pelkästään tasa-arvon edistäminen, vaan siitä huolehtii Suomessa tasa-arvolaki, jonka tavoitteena on tehostaa sukupuolten välistä yhdenmukaisuutta.

Vähentää stereotypioita. Aikaisemmissa tutkimuksissa on tullut ilmi, että sukupuolineutraali kieli vähentäisi sukupuolistereotypioita ja rohkaisisi toimimaan tavanomaisen sukupuoliroolin ulkopuolella. Tutkimusten mukaan kielelliset epäsymmetriat hidastavat naisia pyrkimästä miesvaltaisiin rooleihin.

Vasta-argumentti: Uusimmissa tutkimuksissa on kuitenkin havaittu, että sukupuoliroolien stereotyyppinen ajattelumalli on pysynyt ennallaan sukupuolineutraalista kielenkäytöstä huolimatta. Stereotypioiden vähentäminen tapahtuisi parhaiten henkilöiden asenteita muuttamalla. Henkilöitä tulisi kannustaa astumaan ulos sukupuoliroolien ulkopuolelle.

Sukupuolineutraali kieli ei ole seksististä. Tutkimuksissa on havaittu, että sukupuolisidonnainen kieli on naisia syrjivää, sillä se edustaa heitä epäedullisella tavalla. Seksististen asenteiden kyselytutkimus on antanut lisää todisteita tästä epäedullisesta suhteesta. Vastaajat (äidinkielenään englantia puhuvat sekä kaksikieliset) osoittivat enemmän seksistisiä asenteita, kun tutkimus tehtiin kieliopillisella sukupuolikielellä (espanja tai ranska) kuin luonnollisella sukupuolikielellä (englanti). Maskuliiniset sanat, vaikka tarkoittavat molempia, tulkitaan usein puolueellisella tavalla miesten hyväksi, ja näin miehet ovat paremmin edustettuina ja saavat enemmän valtaa ja näkyvyyttä.

Vasta-argumentti: Fakta on se, että kielellistä sukupuoliepäsymmetriaa esiintyy kaikissa kielissä, toisissa enemmän kuin toisissa. Tyypillistä on se, että useat maskuliiniset sanat ovat yleispäteviä ja suunnattu, ei ainoastaan miehille, vaan kaikille ryhmille, myös niille, joiden sukupuoli on määrittelemätön. Maskuliiniset muodot toimivat siis yleisesti, kun taas feminiiniset muodot viittaavat vain naisiin. Lisäksi tutkimuksissa on käynyt ilmi, että vaikka henkilö käyttäisi sukupuolineutraalia kieltä, ei se poistanut hänen sukupuolisidonnaista ajattelutapaansa.

Sukupuolineutraalikieli ei loukkaa. Sukupuolineutraali kieli ottaa parhaiten huomioon kaikki ihmiset, eikä se loukkaa ketään.

Vasta-argumentti: Ajan henki on se, että kaikesta yritetään väkisin vääntämällä tehdä neutraalia tai poliittisesti korrektia, ettei kukaan vaan loukkaantuisi. Ongelmana tässä on kuitenkin se, että aina löytyy henkilöitä, jotka loukkaantuvat, pöyristyvät tai järkyttyvät, mikä puolestaan tekee hyväksyttävyyden rajan vetämisestä käytännöllisesti katsoen mahdotonta. Emme koskaan saavuta sellaista tilannetta, jossa kukaan ei loukkaantuisi, aina löytyy joku mielensäpahoittaja.

Ajan kuluessa suhtautuminen sukupuolineutraaliin

kieleen tulee suotuisammaksi. Suhtautuminen sukupuolineutraalin kielenkäyttöön on tutkimusten mukaan tullut suotuisammaksi ajan kuluessa, esimerkiksi Ruotsissa suhtautuminen "Hen"-sanaan on tullut positiivisemmaksi ajan myötä. Hen-sanan käytöstä on tehty erikseen kyselytutkimus. Kyselyyn osallistui 247 henkilöä, joista 38,1 % vastusti hen-sanan käyttöä.

Vasta-argumentti: Yllä mainitussa tutkimuksessa hen-sanan vastustajien mukaan kielen muuttaminen oli kuitenkin vaikeaa ja työlästä, ja sana hen oli naurettava, koska se tarkoittaa englanniksi kanaa. Henkilöt kokivat myös, että heidän sananvapauttaan rajoitetaan. Tutkimuksessa kävi ilmi, että sukupuolen identiteetit (mies/nainen) ovat kuitenkin tärkeitä, ja ne tulisi näkyä. Ihmiset mukautuvat, ja asiat muuttuvat usein sitä suotuisammaksi mitä useammin niitä kuulee. Muovautuuhan valhekin muistissamme monesti totuudeksi, jos vain toistamme tai meille toistetaan sitä tarpeeksi usein.

Muita argumentteja sukupuolineutraalin kielenkäytön haasteista

Kielen oppiminen on vaikeampaa, jos käyttää sukupuolineutraalia kieltä. Kielen oppiminen on helpompaa silloin, kun käytetään sukupuolisidonnaista

67

kieltä. Tutkimusten mukaan sukupuolineutraalin kielen käyttäminen saa meidät kamppailemaan tiedon vastaanottamisessa. Kielten opettajien mukaan sukupuolineutraalin kielen käyttäminen ei ainoastaan tee opetusmateriaalista sekavaa, vaan myös häiritsee ja heikentää opetuksen tasoa. Lisäksi painopiste siirtyy kielen supistamiseen kielen rikastumisen sijaan. Sukupuolisidonnainen kieli kuulostaa henkilöistä normaalilta, ja tämä puolestaan mahdollistaa helpomman opetuksen ja oppimisen. Erityisesti sellaisissa kielissä kuin saksa, ranska ja englanti sukupuolineutraalin kielen käyttäminen 100-prosenttisesti on haastavaa.

Sukupuolineutraali kieli on luonnotonta ja tekaistua. Se voi luoda hienovaraisen jännitteen sukupuoleen liittyvien sanojen ympärille: teennäiset ja keksityt sanat tunnistetaan, ja lopputuloksena voi olla se, että ihmiset keskittyvät lähinnä vain näihin keksittyihin sanoihin eikä itse sanomaan. Lisäksi sukupuolineutraali kieli luo kieliopillisia haasteita muun muassa englannin kielessä. Jos sanat "she" ja "he" korvataan sanalla "they", aiheuttaa se kieliopillisia ongelmia, ja kielestä tulee näin sekavaa ja kieliopillisesti vääreää.

Britanniassa lääkärijärjestö ohjeistaa lääkäreitään käyttämään sukupuolineutraaleja sanoja. Muun muassa "äiti"- ja "nainen"-sanojen käyttö voi loukata transsukupuolisia ihmisiä. Lääkäreitä on myös opastettu, ettei enää käytettäisi sanaa *"vagina"*, vaan sen sijaan tulisi käyttää sanaa *"etureikä" (Front hole)*. Vaginalle synonyymejä olisivat muun muassa emätin ja häpy, "etureikä" voi olla mikä tahansa edessä oleva aukko tai lovi. Etureikä on todella epäluonnollinen sana kuvaamaan vaginaa.

Sukupuolia on kaksi. Lisääntymiskelpoisia jälkeläisiä tuottavia sukusoluja on vain kaksi. Yksikään tutkija ei ole löytänyt tapaa kadottaa X- ja Y-kromosomia ja korvata se G:llä sukupuolettomalla kromosomilla. Nainen ja mies ovat olleet vuosisatojen ajan olemassa, ja sukupuolineutraali kieli ravistaa näitä sukupuolen keskeisiä periaatteita heikentäen ajatusta sukupuoli-identiteetistä. Psykologiset sukupuolierot ovat siis biologista todellisuutta, eivätkä vain sosiaalisia konstruktioita tai stereotypioita. Tähän tulokseen on päätynyt muun muassa akateeminen persoonallisuus- ja sosiaalipsykologia. Tästä tosiseikasta huolimatta muun muassa DMA ohjeistaa, että tulisi käyttää laajasti sukupuolineutraalia titteliä *"Mx"*, joka tulisi ottaa käyttöön sanojen *"Mr". "Mrs". tai "Ms".* tilalle. Ja Oxfordin ylioppilaskunta suosittelee käyttämään sukupuolineutraalia "Ze"-pronominia "she":n tai "he":n tilalle.

BMA:n mukaan sukupuolineutraalissa kielessä *"Surname"*:sta tulisi luopua, koska Surname tulee sanasta "sire", isä. Kuinkahan käy sanoille "woman" "female" molemmissa sanoista löytyy maskuliini "man" ja "male"?

Ruotsissa äiti (*mamma*) ja isä (*pappa*) voidaan jo korvata tekaistulla sanalla: *"Mappa"*. Ja Ruotsissahan onkin jo yleisessä käytössä sana *"hen"*.

"Äiti"ja *"Nainen"* tulee korvata sanalla *"ihminen"* Ja *"raskaana oleva nainen"* korvataan sanalla *"Raskaana oleva ihminen"*.

Huom! Vain naiset voivat saada lapsia. Sanomalla päinvastaista se loukkaa kaikkia naisia.

Suomessa muutamassa lastentarhassa on myös herätty tähän sukupuolineutraaliin kielenkäyttöön, muun muassa lapset kutsuvat toisiaan *"Tyypäksi"*.

"Tyttö" -> *"Tyyppä"* (sano ei itsessään tarkoita mitään, täysin keinotekoisesti tekaistu).

"poika" -> *"Tyyppä"*

Sukupuolineutraali kieli johtaa harhaan. "Palomiehestä" on tullut "pelastaja" (pelastajan synonyymi on vapahtaja), ja "talonmiehestä" on tullut "talonhoitaja" (taas näitä epämääräisiä termejä, jotka eivät anna tarkkaa kuvaa työstä, sillä hoitaja tarkoittaa myös apulaista, avustajaa ja

70

palvelijaa). Neutraalius poistaa tehtävänimikkeestä tarkan kuvauksen ja jättää meille epämääräisen kuvan siitä, mitä tehtävä sisältää. Vakiintuneet ammattinimikkeet eivät määritä sukupuolta. Kyseessä on työnimike eikä sukupuoleen sidottu työtehtävä. Taas jälleen kerran oikea rimanalitus feministeiltä vakiintuneiden sanojen merkityksen muuttaminen naisia syrjiväksi. Vakiintuneilla termeillä ei ole mitään tekemistä tasa-arvon kanssa.

Muita epämääräisiä työnimikkeitä ovat muun muassa ehdotetut:

- Asiamies -> asioija (asioija tekaistu sana, joka ei tarkoita mitään, sanakirja ei edes tunnista)

- Jokamiehenoikeus -> jokaisenoikeus (väkisin lyhennetty, epäselväksi jää jokaisenoikeus mihin?)

- Lautamies -> oikeusistuja (epämääräinen termi, tuolilla istutaan)

- Selvitysmies -> selvittäjä (liian epämääräinen termi, onko kyseessä pesänselvittäjä vai mikä?)

- Sotilaslakimies -> oikeusupseeri (mitä tekemistä upseerilla on lakimiehen kanssa?)

- Talonmies -> talonhoitaja (talonmiehen synonyymi on talkkari, mutta talonhoitajan vartija tai pehtori, talkkari on eri asia kuin vartija!)

- Eduskunnassa käytetty *"Puhemies"* ->

71

"puheenjohtaja" (puheenjohtaja on yleensä yhdistyksen tai seuran johtaja).

Sukupuolineutraali kielenkäyttö on vahingollista lapsille. Lastenpsykiatri Jari Sinkkosen mukaan sukupuolien häivyttäminen on lapselle erittäin hämmentävää. Lapset pitävät heidän anatomiaansa merkityksellisinä, ja tätä ei pitäisi kyseenalaistaa, saati pitää tarpeettomana. Sukupuolisuus on osa meidän identiteettiämme. City-yliopistossa tehtiin vuonna 2012 tutkimus, jossa 100 taaperoa (50 poikaa ja 50 tyttöä) otettiin huoneeseen ja lapsia pyydettiin poimimaan leluja poikien ja tyttöjen lelujen yhdistelmästä. Pojat valitsivat pojille suunnattuja leluja ja tytöt tytöille. Johtopäätöksenä oli, että "pojilla on vahvemmat valmiudet mentaaliseen rotaatioon ja tilan käsittelyyn, kun taas tytöillä henkiseen manipulaatioon ja hienomotorisiin taitoihin". Tutkimus osoitti, että lapset leikkivät ilmeisesti leluilla, jotka ovat suunnattu heidän omalle sukupuolelleen.

Transsukupuolinen ideologia on lasten hyväksikäyttöä. Lääkärit Heritage Foundationista ovat tulleet tulokseen, että transsukupuolinen ideologia sekä loukkaa että vahingoittaa pahasti lapsia. Enenevässä määrin on tullut näyttöä siitä, että lapset ovat liian nuoria ja epäkypsiä vaihtamaan sukupuoltaan. Transsukupuolisen ideologian istuttaminen lapsille ei ole mitään muuta kuin lasten hyväksikäyttöä, toisin sanoen valheellista aivopesua, jossa lapselle uskotellaan, että hän on vangittuna väärässä kehossa. Tällaisten mielikuvien luominen häiritsee lapsen luonnollista kognitiivista kehitystä ja normaalia todellisuuskuvaa. Mutta tästäkin huolimatta transsukupuolista ideologiaa viedään eteenpäin: muun muassa naapurimaassamme Ruotsissa on lapsille suunnattu uusi transsukupuolinen kuvakirja kaikkein nuorimmille lapsille, jotka eivät osaa vielä lukea. Myös National Geographic ja erilaiset vasemmistoaktivistit sekä maailmanlaajuiset mediayritykset ajavat painokkaasti "transsukupuolisten lasten" käsitettä. San Franciscossa on järjestetty sateenkaarileiri, jossa keskitytään jopa 4-vuotiaisiin transukupuolisiin lapsiin, ja Kanadassa on menty jopa niin pitkälle, että ideologiaan ei ainoastaan kannusteta, vaan viranomaiset voivat ottaa lapsen pois sellaisilta vanhemmilta, jotka eivät myönnä lapselleen lupaa sukupuolenvaihtoon.

Ovatko tämän sukupolven lapset sukupuolineutraalin ajattelumallin koekaniineja tässä aikuisten itsekeskeisessä tasa-arvopyrkimyksessä? Kuka ottaa vastuun lopputulemasta? Vai kaatuuko tämä suuntaus (Jari Sinkkosta lainatakseni) omaan mahdottomuuteensa ja virheellisiin käsityksiin perustuneena lapsen sukupuoli-identiteetin kehityksestä? (Lähde: kirja Elämäni poikana).

Seurauksia

Vasta-argumenteista huolimatta useimmat liputtavat sukupuolineutraalin kielenkäytön puolesta. Suuntaviivoja eli kielen mukauttamista tasa-arvoiseksi sukupuolten välillä alettiin UNESCO:ssa luomaan jo vuonna 1999. Suomessa mm. Aamulehti on vuonna 2017 ilmoittanut pyrkivänsä sukupuolineutraaliin kielenkäyttöön. Ja opetushallituksen linjaus Suomessa on myös vuodesta 2017 lähtien ollut se, että kouluissa ei pitäisi enää puhua tytöistä ja pojista.

Tämänhetkinen yhteiskunta painostaa meitä puhumaan poliittisesti oikein tai sosiaalisesti hyväksyttävässä muodossa. Joissakin maissa on tultu jo siihen pisteeseen, että vaaditaan sukupuolineutraalin kielen käyttämistä riippumatta siitä, kuinka hankalalta ja teennäiseltä se tuntuisikin. Ja niitä henkilöitä, jotka vastustavat ja jotka eivät suostu käyttämään sukupuolineutraaleja sanoja, leimataan "transfobisiksi". Heitä syytetään vihamielisen puheen levittämisestä, ja jossain vaiheessa tämä voi pahimmillaan johtaa siihen, että tällaiset ideologiset vastustajat on oikeus poistaa.

Amsterdamissa kaupunginvaltuusto on perustanut virkamiehille tarkoitetun sukupuolineutraalin kielioppaan. Kanadassa on jo menty niin pitkälle, että voi saada joko sakkoa tai vankeutta, jos käyttää vääriä sukupuolineutraaleja termejä. Toronton yliopiston psykologian professori Jordan Peterson on herättänyt laaja-alaisesti kiistelyä, kun hän on kieltäytynyt käyttämästä sukupuolineutraaleja pronomineja. Iso-Britanniassa lääkärijärjestö ohjeistaa lääkäreitään käyttämään sukupuolineutraaleja sanoja. Jos näin ei tee, saa pahimmillaan potkut. Muun muassa Dr. David Mackereth erotettiin lääkärintyöstään, kun hän oli käyttänyt sananvapauttaan ja väittänyt, että sukupuoli määräytyy syntyessä ja on sekä biologista että geneettistä. Poliisituomari Richard Page sai kurinpalautusta siitä, kun oli todennut, että lapsen etu on kasvaa kodissa, jossa on äiti sekä isä. Englantilainen opiskelija erotettiin Sheffieldin yliopiston sosiaalialan opinnoista hänen kommentoituaan henkilökohtaisella Facebook-sivullaan perinteisen avioliiton ja kristillisen seksuaalietiikan puolesta. Myös kristitty tuomari irtisanottiin virastaan Englannissa hänen ilmaistuaan näkemyksensä, että lapsen etujen mukaista on kasvaa äidin ja isän hoidossa. Tuomari ei ainoastaan käyttänyt vääriä termejä vaan termien lisäksi hän oli väärää mieltä. Tuomioistuin päätti, että hän ei saanut potkuja näkemyksiensä takia vaan siksi, että hän toi näkemyksensä esiin julkisesti julkisella paikalla. Suomessakin sananvapautta on monin osin kavennettu, oman osansa siitä on saanut mm. professori Tapio Puolimatka. (Sananvapaudesta ja sen rajoittamisesta lisää kappaleessa III.)

Naapurimaassamme Ruotsissa evankelis-luterilainen kirkko on alkanut käyttämään saarnoissa ja jumalanpalveluksissa sukupuolineutraalia nimitystä viitatessaan korkeimpaan jumaluuteen ja pidättäytyy käyttämästä miespuolisia termejä. The Guardian uutisoi Ruotsin kirkon hylkäävän isä- Jumalan. Ruotsissa Jumalaa (Gud) tulee kutsua "meidän äitimme" (Vår Moder). Missä logiikka? Eikö äiti (nainen) ole sukupuoli? Isä, poika ja Pyhä Henki (Guden, Fadern, sonen och den helige Ande) muutetaan "Modern och den heliga Ande". Päätavoitteena on tehdä palvontakielestä osallistuvampi sekä kattavampi, ja tämän takia miespuoliset viittaukset kuten "Hän" ja "Herra" tulee poistaa. Tämä sukupuolineutraali kielenkäyttö ei ainoastaan ulotu Ruotsissa kirkkoihin, vaan myös ruotsalaisissa päiväkodeissa sukupuolineutraalia ideologiaa opetetaan jo 1-vuotiaille taaperoille. Sukupuolen ilmaisevat kirjat on sensuroitu, esimerkiksi sellaiset klassikot kuin Peppi ja

Eemeli, ja kaikki viittaukset sukupuoleen on korvattu neutraaleilla termeillä. Esimerkiksi sellaiset sanat kuin "poika", "tyttö", "äiti" ja "isä" ovat ehdottomasti kiellettyjä.

Sukupuolineutraalin kielen kannattajat eivät pidä sukupuolineutraalin kielen vaatimista kielenrajoittamisena tai sensuroimisena, vaan korostavat, että kyse on ihmisten kunnioituksesta ja oikeudesta jättää määrittelemättä sukupuoli-identiteettiään. Tämä on vähän nurinkurista, koska sukupuoleen sidotun kielen poistaminen ei kuitenkaan poista sukupuolisidonnaisia ajatuksia. Ja sananvapauden sensuroiminen lisää yhteiskunnallista taantumista, ei edistystä. Ja mitä tulee kunnioitukseen, niin kunnioitus on kaksisuuntainen tie. Miksi yllä mainittujen henkilöiden mielipiteitä ja sananvapautta ei kunnioitettu? Heillä on ihan samanlainen oikeus määritellä sukupuoli siinä, missä sukupuolineutraalin kielen kannattajilla on oikeus olla määrittelemättä. Sukupuolineutraalin kielen kannattajat eivät voi vaatia kunnioitusta määrittelemättömille sukupuolille ja identiteeteille, jolleivät he ulota tuota samaa kunnioitusta määritetyille sukupuolille ja identiteeteille.

Orwellin mukaan sukupuolineutraali kielenkäyttö on taas askel eteenpäin totalitaarista maailmaa, jossa yritetään hallita ihmisten ajatuksia rajoittamalla kieltä poliittisesti oikeiksi ilmauksiksi. Tähän liittyy vahvasti sananvapauden rajoittaminen, jossa vain tietyistä asioista saa puhua ja tietyistä ei. Kieli muokkaa mieltämme, käsityksiämme ja ajatuksiamme, nämä taas muovaavat käyttäytymistämme. Sukupuolineutraalin kielen käytössä on kyseessä perinteisen kielen väkisin uudistaminen käyttämällä merkityksettömiä sanoja. Sukupuolineutraali kieli heikentää ajatusta sukupuoli-identiteetistämme. Sukupuolisuus on osa meidän minuuttamme. Sukupuolineutraalius ei pysty poistamaan biologisia taustojamme ja juuriamme eikä stereotypioitamme. Asenteiden muuttaminen olisi tärkeämpää ja hedelmällisempää kuin kielen muuttaminen sukupuolineutraaliksi.

Suurin osa sukupuolineutraalin kielen puolustajien argumenteista voidaan kumota vasta- argumentilla. Sukupuolineutraali kieli on tarkoituksenhakuista kielen muuttamista, ja tästä muuttamisesta näyttäisi olevan enemmän haittaa kuin hyötyä: muun muassa sukupuoli-identiteettimme hämärtyy, kieli köyhtyy ja tulee kömpelöksi. Mutta tärkein kysymys kuitenkin lienee se, että miksi meidän tulisi ylipäätään tähdätä sukupuolettomaan maailmaan? Miksi sukupuoli tulisi kyseenalaistaa? Eikö meistä jokainen voisi olla ylpeä omasta sukupuolestaan tai sen puutteesta. Nauttia siitä.

On ihan turha keksiä ongelmia, joita ei ole, tai korjata asioita, joita ei ole vielä rikottu. Ihmisten välisiä eroja tulisi arvostaa, koska erilaisuus tekee meistä ihmisen. Kaikkia tulee kunnioittaa, mutta kunnioitus ei voi olla yksisuuntainen tie. Tasa-arvoisuuteen tulee tähdätä, mutta tasa-arvoa ei edistetä väkinäisesti tai teennäisellä kielen muuttamisella. Vakiintuneet ammattinimikkeet eivät määritä sukupuolta, vaan kyseessä on työnimike, ja näin ollen vakiintunutta käytäntöä on ihan turha muuttaa. Mitenkähän käy tulevaisuudessa sellaisten sanojen kuin "pyykkipoika", "isänmaa" tai "äidinkieli" kanssa? Kyllä varmasti löydämme jonkun, joka näistäkin sanoista loukkaantuu, pöyristyy sekä pahoittaa mielensä.

Tulevaisuudessa joudumme varmaankin toivottamaan "Hyvää sukupuolineutraalia päivää" tai "Hyvää läheisenpäivää" toivotuksen "Hyvää äitien- ja isänpäivää" tilalla.

"Hyvää läheisenpäivää joudun toivottamaan, kun en tiedä, mikä olla mä saan..." – Jösse Järvenpää

Lopputuloksena kieli muuttaa mieltä

"Manipuloiva kieli, uuden ajan subkonteksti."

Kieli on mielenhallinnan väline, ja ihmisen ajattelulle kielellä on keskeinen rooli. Kielen tarkoituksellinen muuttaminen johtaa kielen yksinkertaistamiseen, jossa loppujen lopuksi sanoilla ei ole enää mitään varsinaista merkitystä tai tarkoitusta, vaan sanoista on tullut pelkkää sanahelinää. Jos sanat eivät tarkoita tai sano mitään, kukaan ei pysty niitä kyseenalaistamaan. Yksinkertaisen kielen kautta meillä ei ole enää välineitä argumentoinnille, emme hallitse sitä mitä sanomme, ja lopulta kieli jopa määrää, mitä mieltä olemme.

Vygotskin mukaan sanan merkitys voi degeneroitua, ja jos sanan sisäinen merkitys muuttuu, niin silloin muuttuu myös ajatuksen suhde sanaan. Myös Orwellin mukaan sanojen merkityksen muuttaminen hävittää sanoilta joitakin merkityksiä, ja jos kieltämme strategisesti muutetaan, voidaan sillä manipuloida ja hallita myös mieltämme, koska kieli muodostaa Orwellin mukaan jossakin määrin ajatuksemme. Käsitteiden poistaminen ja keinotekoisten käsitteiden luominen määräävät tekemisemme ja ajattelumme. Jos kielestä poistetaan sanoja, ihmiset eivät voi enää ajatella niitä asioita. Kieli vaikuttaa ajattelutapaamme, ja tyhjillä sanoilla myös ajattelutapamme tehdään kirjaimellisesti mahdottomaksi. Tämä palvelee vallankäyttäjien motiiveja, ja tarkoituksena on kansalaisten hiljentäminen. Lopputuloksena on eläminen totalitaristisessa järjestelmässä.

Sukupuolineutraali kielenkäyttö muokkaa käsityksiämme sukupuolesta ja heikentää ajatusta sukupuoli-identiteetistämme. Kyseinen kielenkäyttö on erityisen haitallista lapsille, koska se vahingoittaa lapsen luonnollista kognitiivista kehitystä ja normaalia todellisuuskuvaa. Sukupuolineutraali kieli sumentaa, sekoittaa ja lopulta hävittää sukupuolierot. Kielen muuttamisella on kohtalokkaat ja kauaskantoiset seuraamukset. Kielen muuttaminen vaikuttaa henkilön kognitioon hänen tiedostamattaan, missä niin sanotut väärät ajatukset pyyhitään pois henkilön kognitiosta, tiedosta, ajattelusta ja muistista. Todellisuus tulee rakentumaan valheiden varaan, koska muuta tietoa ei ole enää tarjolla. Meidän käyttäytymistämme, asenteitamme ja mielipiteitämme ohjaillaan jatkuvasti kielimanipuloinnin kautta, yleensä huomaamattomasti ja meiltä tiedostamatta. Olemme jo nyt säännöllisesti tämän manipuloinnin toistuvia uhreja.

III. Sananvapaus

"Totuus, on uusi vihapuhe. Epärehellisyyden aikana, totuuden kertomisesta tulee vallankumouksellinen teko." - *Orwell*

Sananvapaus

Sananvapaus on tulkinnanvarainen käsite, ja sen rajoittaminen edistää resistanssia.

Sananvapauteen kuuluu vitsailu, pilan tekeminen, provosoiminen, agitoiminen, kritisointi ja arvostelu. Sananvapauden piiriin kuuluvat mielipiteet voivat järkyttää joitakin, ja niitä voidaan pitää häiritsevinä ja epämiellyttävinä. Mutta sananvapaudessa on kyse juuri ihmisen oikeudesta sanoa epämiellyttäviäkin asioita ilman rangaistuksen pelkoa. Tietenkin sanomisillamme on aina luonnollisia seuraamuksia, osa ihmisistä ei välttämättä enää pidä meistä, mutta tämä on riski, jonka otamme. Kannamme aina seuraamukset omista teoistamme ja sanomisistamme. Sananvapauteen kuuluu juuri se, että henkilö kantaa vastuun puheistaan ja kirjoituksistaan.

Sananvapauteen ei kuulu

- ilmiantokulttuuri

- vaientaminen

- uhkaukset

- irtisanomiseet

- asioiden ilmaiseminen vain yhdessä valossa ja vain yhdestä näkökulmasta

- eriävien mielipiteiden rajoittaminen.

Sananvapaus on tärkeää, koska siinä ei ainoastaan ole kyse henkilön vapaudesta ilmaista mielipiteitään, vaan myös henkilön oikeudesta ja tarpeesta purkaa tunteitaan. Sananvapaus edistää yksilön hyvinvointia. Ajattelu, ajatus ja mielipiteiden vaihto vapaalla tavalla ovat välttämätön edellytys. Sananvapaus on yksi demokratian peruslähtökohdista ja yhteiskuntarauhaa ylläpitävä elementti.

Sananvapaudessa ilmenevät ongelmat

Määrittäminen

Sananvapaus määritellään Suomen perustuslaissa henkilön perusoikeutena, johon sisältyy oikeus ilmaista, julkistaa ja vastaanottaa tietoja, mielipiteitä ja muita viestejä kenenkään ennakolta estämättä (Suomen hallitusmuoto, 2. luku, 12 §).

Sananvapautta voidaan kuitenkin tietyissä tilanteissa rajoittaa, esimerkiksi sananvapauden turvin ei sallita muiden perusoikeuksien tai ihmisarvon loukkaamista. Lisäksi rikoslaissa rangaistaviksi teoiksi on määritelty kunnianloukkaus, laiton uhkaus ja kiihottaminen kansanryhmää vastaan. Sananvapauden rajoitusten tulee olla joka kerta laintasoisia, eli pelkällä viranomaisen määräyksellä sananvapautta ei voi estää. Ja sananvapauden ydinalueeseen ei saa koskaan puuttua (ydinalueessa puhuminen on sallittua, lainsäädäntöä ja viranomaisia saa arvostella, tutkimustulokset julkaistaan, ja yhteiskunnallisista kysymyksistä, kuten sosiaaliturvasta, maahanmuutosta ja rikollisuudesta voidaan vapaasti keskustella).

Sananvapauden määritelmä ei kuitenkaan ole riittävän kattava, etteikö väärinymmärryksiä syntyisi. Ilmaisut ovat osin epämääräisiä, esimerkiksi ilmaisu "kiihottaminen kansanryhmää vastaan" ei ainoastaan ole vaikeaselkoinen, vaan se on myös vaikeasti toteen näytettävä teko. Loppupelissä tuomioistuin määrittelee pykälää tuomarin oman arvomaailman pohjalta. Rajan määrittely on siis jonkin verran tulkinnanvarainen.

Tulkinta

Sananvapaus on osittain myös tulkintakysymys. Ihmiset näkevät saman asian eri tavalla, tulkitsevat sitä eri tavoin ja faktatkin ymmärretään eri tavoin. Ihmisten vaihteleviin tulkintoihin vaikuttaa niin kulttuuritausta, arvopohja, ikä kuin sukupuolikin. Alla on mainittu muutamia erilaisia tulkintatapoja.

1) Selektiivinen (valikoiva) havainto. Ihmisen

87

aivot eivät pysty käsittelemään kaikkia ärsykkeitä yhtä aikaa, ja tämän vuoksi henkilö valitsee kiinnostuksen kohteeksi vain tiettyjä näkökulmia. Näkökulmien valintaan vaikuttavat henkilön oma motivaatio, kokemukset, odotukset, asenteet, ennakkoluulot ja stereotypiat. Selektiivinen havainto johtaa havaintojen vääristymiseen.

2) *Illuusio puolueellisuuden ymmärtämisestä.* Henkilöt yliarvioivat oman ymmärtämisensä kiistanalaisissa ja kontroversiaalisissa kysymyksissä.

3) *Sokea piste -teoria.* Henkilö tarkastelee vastapuolen argumentteja ennakkoasenteellisesti eikä lainkaan kyseenalaista omaa kantaansa.

4) *Myside bias. Henkilökohtainen puolueellisuus.* Henkilö kerää omia argumentteja vahvistavaa todistusaineistoa ja arvioi niitä positiivisesti.

5) *Valaistuminen (enlightening).* Henkilö uskoo valaistuneensa, mutta pitää vastustajan samanlaista valaistumista puolueellisena ja asenteellisena.

88

6) *Naiivi realismi.* Henkilö katsoo, että hän havaitsee asiat sellaisina kuin ne todellisuudessa ovat, mutta vastustaja ei.

7) *Motivoitunut skeptismi.* Henkilö tulkitsee vastapuolen argumentteja asenteellisesti ja epäilevästi, vaikka tietojen oikeellisuus olisi virallisesti todistettu.

Yllä mainitut selektiivinen havainto ja myside bias yhdessä naiivin realismin, valaistumisen, sokea piste-teorian ja motivoituneen skeptismin kanssa tarjoavat monisyisen selityksen siitä, miksi vastakkaiset puolet eivät yksinkertaisesti pysty näkemään toistensa väitteiden pätevyyttä. Tutkimuksissa on havaittu, että sekä asian puolustajat että vastustajat eivät ainoastaan tulkinneet samaa tilannetta eri tavalla, vaan he todella näkivät eri asioita. Tämä on yksi selittävä tekijä, miksi asiat ja ilmiöt ajautuvat vastakkainasetteluun eli aiheuttavat niin sanotun polaarisen jännitteen. Sananvapautta tuomioistuimessa pohditaan tapauskohtaisesti, yleisenä tulkinnan lähtökohtana on ns. perusoikeusmyönteinen tulkinta. Tulee muistaa, että tulkinta on aina jonkun näkemys. Henkilöt tulkitsevat asioita eri tavalla. Jos henkilö käyttää yllä mainittuja tulkintatapoja, osoittaa hän käsityksen puutetta omasta osaamisestaan ja pätevyydestään.

Vihapuhe ja rajanveto

Suomen lainsäädännössä vihapuhetta vastaa etupäässä rikoslain 11 luvun 10§:n kiihottaminen kansanryhmää vastaan. Lisäksi syyllistyminen kunnianloukkaukseen ja laiton uhkaus on rangaistavaa vihapuhetta. Euroopan neuvoston ministerikomitean mukaan vihapuhe on ilmaisua, jolla levitetään, yllytetään, edistetään tai oikeutetaan rotuvihaa, muukalaisvihaa, antisemitismiä tai muunlaista vihaa, joka perustuu suvaitsemattomuuteen.

EU-parlamentti hyväksyi kannanoton (syksyllä 2018), jossa määrätään uusfasististen liikkeiden kieltämistä. EU-jäsenvaltioita vaaditaan ryhtymään toimiin vihapuheen ja viharikosten estämiseksi fasismia, muukalaisvastaisuutta sekä suvaitsemattomuuden muita muotoja vastaan. Lauselmassa ei kuitenkaan mainita äärivasemmistolaista vihaa ja väkivaltaa. Käytännössä EU-jäsenvaltioiden tulee perustaa viharikosten vastaisia yksiköitä poliisivoimiinsa. Vihapuhe on viharikos. On todettu, että osa viharikoksista on opportunistisia, ja niissä olosuhteet määräävät jonkin verran tekoa. Kriminologiassa on mainittu teoria nimeltään "rikkoutunut ikkuna", jossa tutkijat halusivat selvittää, miksi rikollisuuden määrä on huomattavasti alhaisempi joillakin esikaupungin alueilla kuin toisilla, vaikka taloudelliset ja demografiset piirteet olivat samankaltaisia. Tutkijat suorittivat kokeilun Etelä-Bronxissa (New York), jossa kallis ja ehjä auto pysäköitiin ja jätettiin kadun varrelle pitkäksi aikaa seisomaan. Auto säilyi ehjänä, mutta heti kun tutkijat rikkoivat autosta pienen sivuikkunan, niin muutaman tunnin sisällä auto oli käännetty ylösalaisin ja tuhottu täysin. Tämä teorian pohjalta on perusteltua, että valtion tulee toteuttaa tiettyjä toimenpiteitä vähentääkseen vihapuhetta. Kun lain ja järjestyksen ylläpitämistä laiminlyödään, niin ei pelkästään rikollismahdollisuudet kasva, vaan koko yhteiskunta muuttuu heikommaksi, pelottavammaksi ja välinpitämättömäksi.

Vihapuheella on myös vaikutuksia yksilöön. Vihapuheen kohteena oleminen aiheuttaa henkilölle sekä fyysisiä että psyykkisiä haittoja. Yksilötasolla on havaittu tihentynyttä hengitystä, päänsärkyä, kohonnutta verenpainetta, huimausta ja nopeaa sydämensykettä. Joidenkin tiedemiesten mukaan afrikkalaisamerikkalaisten korkea verenpaine saattaa mahdollisesti liittyä tukahdutettuun vihaan geneettisten tekijöiden lisäksi. Vihapuheen psykologisia haittoja ovat muun muassa pelot, painajaiset ja sosiaalinen syrjäytyminen. Vihapuhe vaikuttaa kaikkein voimakkaimmin lapsiin ja nuoriin, mutta tietenkin sillä on vaikutuksia koko yhteiskuntaan, koska suvaitsemattomuus estää tasapuolisen ja asiallisen keskustelun.

Vihapuhetta ei kuitenkaan tule sekoittaa vihaisen puheen kanssa, valitettavasti vaan *rajanveto* vihaisen puheen ja vihapuheen välillä on vaikea tehdä. Vihapuhetta ei ole helppo määritellä, koska mitään suoranaista, yleisesti tunnustettua määritelmää ei ole olemassa, ja tämä tekee rajanvetämisen näiden kahden puheen välillä häilyväksi. Kärjistetysti voidaan todeta, että vihapuheen tulkinta on kuulijan korvassa. Sananvapautta säädellään poliittisesti, ja valtasuhteet vaikuttavat siihen, kuka saa äänensä kuuluviin ja kuka ei. Mutta toisin kuin vihapuhe, vihainen puhe voi olla meille myös hyödyllistä. Se muun muassa varoittaa meitä siitä, että jokin on väärässä joko poliittisessa elimessä tai puhujassa itsessään. Se saattaa myös viitata siihen, että muutosta tarvitaan, ja se voi esiin tuoda uusia mahdollisuuksia.

Koska vihapuhe on osin tulkinnanvarainen, ja koska tulkitsemme asioita eri tavalla (ks. yllä), niin kuka voi määritellä mikä on vihapuhetta ja mikä on vihaista puhetta eli sallittua kritiikkiä? Missä menee sananvapauden rajoittamisen raja? On aika mahdotonta sallia jotain tiettyä puhetta ja samalla kieltää jotakin toista. Uusi normaali tuntuu olevan sitä, että kun ilmaisee oman

92

mielipiteensä, erityisesti, jos se poikkeaa julkisesti hyväksytystä linjasta, niin helposti joutuu banniin FB-yhteisössä tai saa sakkoja, jopa vankeutta. Ei mitään uutta auringon alla, toisinajattelijat on myös aikaisemmin pyritty vaientamaan, jossa vain tietynlainen totuus on sallittua. Vaientamista käytetään myös silloin, kun omat argumentit eivät enää pysty kumoamaan toisen argumentteja ja kun toinen halutaan saada hiljaiseksi.

Kehityspsykologi Helen L. Carr ei löydä sananvapaudelle vaihtoehtoja, koska hänen mukaansa kaikille kiistanalaisille aiheille löytyy huomattava joukko ihmisiä, jotka pitävät niitä vihamielisinä, epämiellyttävinä ja syrjivinä. Jos määrittelemme jotkut puheen aiheet vihapuheiksi, niin samaan aikaan meidän tulisi poistaa kaikki kiistanalaiset aiheet, koska suvaitsemattomuutta löytyy poliittisesti aina molemmilta puolilta. Esimerkiksi USA:ssa, jos keskustellaan sellaisesta aiheesta kuin "black lives matter", löytyy aina joku, joka kokee keskustelun vastenmielisenä, hyökkäävänä ja jopa inhottavana, ja vastaavanlaisesti sama ilmiö on havaittavissa jos keskustellaan aiheesta "blue lives matter". Myös ihmiskehityksen professori Williams on samoilla linjoilla. Hänen mukaansa se, että henkilö tuntee epämukavuutta tai ahdistusta kuullessaan tiettyjä asioita ei riitä oikeudelliseksi syyksi kieltää sananvapautta.

Yhdysvalloissa jopa korkein oikeus on päättänyt, että vihapuhe kuuluu sananvapauteen. Valtio ei voi rajoittaa kansalaisten oikeutta sanoa loukkaavia ajatuksia. Sananvapaudessa on kyse juuri ihmisen oikeudesta sanoa epämiellyttäviäkin asioita. Sananvapauden kollektiivinen luonne liittyy juuri yksilöiden ideoihin ja tiedon vaihtoon, jotta voimme rakentaa parempia ideoita ja etsiä totuutta. Yleensä vain yhtä totuutta ei ole, ja sen takia argumenttien perustelut ovat parasta, jotta saamme mahdollisuuden kumota ne silläkin uhalla, että vasta-argumenttimme olisi väärä tai se sisältäisi vain osan totuudesta, koska ainoastaan mielipiteiden törmäyksellä voimme löytää totuuden. Mutta emme voi saavuttaa totuutta, jos tietoja poistetaan tai vapaa keskustelu evätään. Vapaa keskustelu ja argumentointi auttaa meitä tekemään parempia päätelmiä. Kiistanalainen puhe ja vihainen puhe eivät ole vihapuhetta, eikä niitä sellaisina tulisi nähdä. Sananvapauden määrittäminen vihapuheeksi on yksi keino tehdä tietyistä ajatuksista lainvastaisia, jotta ne eivät häiritsisi poliittisia tavoitteita. Tämä vihapuhe ja syytökset vihapuheesta ovat johtaneet siihen, etteivät ihmiset uskalla ilmaista OIKEITA mielipiteitään, ilman että tulee henkilökohtaisia seurauksia.

Kun kriittinen keskustelu netissä estetään, voimme saman

tien sanoa hyvästi aidolle sananvapaudelle. Mielipiteiden ei tarvitse olla niin sanottuja oikeita mielipiteitä, niin kuin diktatuurissa, koska ilman mielipiteiden törmäystä emme saavuta totuutta, vaan ihmisistä tulee myötäileviä sopuleita. Monet kansalaiset kirjoittavat netissä anonyymisti tai nimimerkillä, koska he pelkäävät esimerkiksi työpaikkansa puolesta eivätkä yksinkertaisesti uskalla kirjoittaa omalla nimellään. Vääränlaiset mielipiteet johtavat helposti somelynkkaukseen ja syrjimiseen niin työelämässä kuin henkilökohtaisessakin elämässä. Ihmisiä sensuroidaan mielivaltaisesti.

Ranskassa kansanedustaja ja Kansallisen liittouman puoluejohtaja Marine Le Pen oli jakanut Twitterissä terroristijärjestö Isiksen teloituskuvia vain tuodakseen esille sen, että Isiksen toiminta on todella väkivaltaista ja julmaa. Kuvien jakamisen vuoksi ranskalainen tuomioistuin on määrännyt Le Penin mielentilatutkimuksiin. Pahimmillaan tuomio voi olla kolme vuotta vankeutta ja 75 000 euron sakot. Historia toistaa itseään: aikoinaan Neuvostoliitossakin toisinajattelijat suljettiin mielisairaalaan, diagnoosina oli hiipivä skitsofrenia.

Sananvapaus ja uskonnonvapaus

"Ilman sananvapautta meillä ei ole uskonnonvapautta."

Perustuslain 11. pykälän mukaan "Jokaisella on uskonnon ja omantunnon vapaus", johon sisältyy "oikeus tunnustaa ja harjoittaa uskontoa, oikeus ilmaista vakaumus ja oikeus kuulua tai olla kuulumatta uskonnolliseen yhdyskuntaan." Raja sanan- ja uskonnonvapauden välillä ei ole eksakti, koska sananvapaus kattaa myös hengelliset julkaisut ja vapauden esittää kritiikkiä eri uskontoja kohtaan. Aitoon sananvapauteen liittyy oikeus kritisoida kaikkia uskontoja, koska ilman sananvapautta meillä ei ole myöskään vapautta uskoa.

Islamilaisten maiden vaikutuksen ja painostuksen myötä länsimaissa on alkanut esiintymään havaittavissa olevia sananvapauden uhkia. Tunnetuin esimerkki sananvapauteen suhtautumisesta lienee tanskalaisen sanomalehden Jyllands-Posten vuonna 2005 Muhammad-pilakuvapiirros. Pilakuvat johtivat laajoihin väkivaltaisiin mielenilmauksiin ympäri maailmaa. Monet muslimivaltiot laittoivat mm. Arlan tuotteet boikottiin, mielenosoittajat uhkasivat suurlähetystöjä, Tanskan lippuja poltettiin, uhattiin itsemurhaiskuilla ja niin edelleen. Länsimaat korostivat sananvapautta, kun taas islamilaiset maat vaativat anteeksipyyntöä. Alun perin kyseessä oli tietynlainen lehdistön sananvapauden testi, jonka seurauksena tanskalaispiirtäjät joutuivat tappouhkausten kohteeksi. Tällainen uhkailu on kuulemma osa äärijärjestöjen edustajien sananvapautta, mutta länsimaiseen sananvapauteen ei uhkailu kuitenkaan kuulu. Tietenkin voidaan pohtia, ylittikö kyseinen pilapiirros hyvän maun rajat ja onko tämä sopivaa journalismia, mutta tästäkin huolimatta mikään ei oikeuta väkivaltaisesti hyökkäämään sananvapautta vastaan.

En tiedä samanlaista vastareaktiota aiheutuneen muiden uskontojen johtohahmoihin liittyvistä pilapiirroksista. Tanska ei ole ainoa, joka on saanut kokea kuinka riskialtista islamin kritisoiminen on. Muun muassa Paavi siteerasi yhdessä puheessaan erästä 1300-luvulla elänyttä keisaria. Puheen jälkeen Paavin henkeä uhattiin, koska siteerattu keisari oli sanonut, että profeetta Muhammad on tuonut maailmaan pahoja asioita. Uhkailu ja väkivalta on näyttänyt toimivan, koska islamilaisten maiden jatkuvan painostuksen myötä länsimaissa on alkanut esiintymään havaittavissa olevia sananvapauden uhkia. Länsimaissa on yhä enemmän ihmisiä, jotka haluavat kokonaan kieltää islamin ja profeetta Muhammadin kritisoinnin, vaikka pohjimmiltaan kyse taitaa olla väkivallan pelosta. Ruotsin kirkon piispa Eva Brunner teki aloitteen 2015 ristien poistamisesta Tukholmassa, syynä oli se, että hän ei halua loukata muslimien tunteita. Herää kysymys, että jos ei piispa puolusta kristinuskoa, niin kuka sitten? The Guardian uutisoi Ruotsin kirkon hylkäävän isä-Jumalan, mitä perustellaan sillä, että palvontakielestä tulee tehdä kattavampi ja tämän takia miespuoliset viittaukset tulee poistaa. Osa kuitenkin näkee, että tässä tarkoituksena on työntää Jumalan Poika taustalle ja korottaa Muhammad samanveroiseksi Jeesuksen kanssa. Ruotsissa ei myöskään saa enää missään nimessä virallisen nimen tiedusteluissa käyttää sanoja "kastenimi" tai "kristitty nimi", koska sellainen loukkaa erittäin pahasti muslimeita. Kirkko on antanut muslimeille niin paljon valtaa, että he sanelevat muiden uskontojen terminologian ja tavan ilmaista, tunnustaa ja harjoittaa. Nyt vuonna 2018 Ruotsi peruuttaa perinteisen joulukonsertin, mutta vastaavasti lisäävät erilaisia islamilaisia tapahtumia. Myös perinteinen Lucia-tyttö sai muutama vuosi sitten uutta ilmettä, kun kauppakeskus Åhléns korvasi mainoksissa Lucia-tytön muun muassa tummaihoisella pojalla (Åhléns joutui kyllä myöhemmin poistamaan mainoksen negatiivisten palautteiden takia).

Suomessakin keskustelu islamin ympärillä on koko lailla vaiettua. Sitä ei uskalleta haastaa tai kyseenalaistaa. Jos uskaltaa haastaa niin kuin siskoni teki kirjoittamalla blogikirjoituksen "Islam on vankilan vakavasti otettava uskonto", niin koko blogi bannattiin saman tien ja siskoni sai kyseiseen blogiin kuukauden mittaisen kirjoituskiellon. Outoa tässä on se, että mikään muu uskonto ei nauti samalla tapaa suojaa pilkkaamiselta saati sellaista edes vaadi. YK:n ihmisoikeuskomitea on päättänyt demokraattisen äänestyksen jälkeen, että islamia ei saa arvostella. Jos joku uskaltaa arvostella tai haastaa, niin tämä henkilö leimataan automaattisesti islamofobiseksi rasistiksi. Paikallisia pääuskontoja saa edelleen vapaasti arvostella, kuten kaikkia muitakin elämänkatsomuksia ja uskontoja, muttei islamia. Tässä kielletään tiettyjen ajatusten ilmaisu joko puhumalla tai kirjoittamalla, mikä oleellisesti heikentää sananvapauttamme. Uskonnonvapauteen kuuluu oikeus kyseenalaistaa ja kritisoida. Ihmisillä on oikeus pitää tai olla pitämättä uskontojen pyhäksi katsomia asioita.

Flemming Rosen (2015) mukaan sananvapautta ei ole koskaan rajoitettu niin paljon kuin 2000- luvulla. Rosen oli tuolloin vuonna 2005 tanskalaisen Jyllands-Postenin toimittaja, ja hänen mukaansa oikea ratkaisu ei ole uskonnollisen satiirin kieltäminen. Yksilön jumalasuhde tulisi perustua vapauteen ja valintaan, ei pakottamiseen. Uskonnollisen satiirin kieltäminen ei ole ratkaisu. Tietenkään ketään ei tulisi loukata tarkoituksenhakuisesti, mutta mikä toiselle on vain harmitonta herjan heittämistä, niin toiselle se voi olla Jumalaan kohdistuvaa pilkkaa. Kritisoinnissa on kuitenkin aina pidettävä mielessä tarkoituksenmukaisuus, hyvän maun ja sopivuuden rajat. Ongelmallista on se, jos sananvapauden nojalla tahallisesti pilkataan uskontoja. Tällainen tarkoituksenhakuinen iva ei edistä vuoropuhelua ihmisten välillä vaan enemmänkin lisää vastakkainasettelua. Vaikka meillä on oikeus sanoa hyvinkin ikäviä asioita, niin se ei kuitenkaan usein ole meille hyödyksi saati sitten kovin rakentavaa.

Loppujen lopuksi islam ei ole vain uskonto, vaan enemmän tai vähemmän epädemokraattinen poliittinen järjestelmä. Unkarilainen poliittisen islamin tutkija toteaa, että islamisaatio on peruuttamaton, kun muslimien määrä saavuttaa 16 % maan koko väestöstä. Ajatollah Khomeinin mukaan islamilainen oikeus ja lait vaativat, ettei islamilaisessa maailmassa sallita anti-islamilaisen hallituksen olemassaoloa, ja tämä on kaikkien islamilaisten velvollisuus. OIC:n (islamilaisten maiden järjestö) tavoitteena on rajoittaa sananvapautta YK:n jäsenmaissa, mikä käytännössä tarkoittaa islamkritiikin estämistä kaikkialla. Tämä rajoittaisi oleellisesti sananvapautta länsimaissa. Aito sananvapaus demokraattisessa yhteiskunnassa kestää kaikenlaiset mielipiteet, myös uskonnollisen satiirin.

Sananvapauden rajoittaminen ja sen seuraukset

"Poliittisesti toisinajattelijoista tulee nykypäivän eniten jahdattuja rikollisia."

Sananvapaus kielletään usein sensuurin kautta. Useimmiten sensuurin lähtökohtana on suojata henkilöitä, yleensä lapsia, olemasta alttiina sanoille, ideoille ja kuville, jotka ovat tarkoitettu aikuisille. Tämä on tavallisesti hyväksyttävää. Mutta jossain vaiheessa sananvapauden suhteen tapahtui käänne, ja ajan henki on nyt sellainen, että uskotaan, että kaikkein tuhoisin asia, mitä ihmisille voi tapahtua, on se, että joku sanoisi jotain, mikä voisi loukata heitä.

Erityisesti viimeisen vuosikymmenen aikana sananvapauden kunnioittaminen ja suojaaminen on vähentynyt maailmanlaajuisesti Eurooppa mukaan lukien. Hälyttäviä trendejä on siis nähtävissä eri puolilla

Eurooppaa. Jopa Tanska ja Englanti – historialliset sananvapauden puolestapuhujat, ovat valinneet sosiaalisen harmonian sananvapauden yli. Itse asiassa kaikilla Euroopan jäsenvaltiolla (myös Islannilla ja Norjalla) on havaittu vuonna 2016 Reports Without Bordersin lehdistönvapausindeksin mukaan heikompaa lehdistönvapautta verrattuna vuoteen 2013. Joissakin tapauksissa on tapahtunut huomattavaa taaksepäin menemistä, esimerkiksi Saksassa pisteet nousivat 10,24 %:sta 14,8 %:iin (mitä vähemmän pisteitä, sen enemmän lehdistönvapautta kunnioitetaan). Englannissa vastaavat luvut olivat 16, 89 %:sta 21,7 %:iin, ja Puola oli pahimpia tapauksia 13,11 %:sta 23,89 %:iin.

Suomen sisäministerin Kai Mykkäsen mukaan suomalaiset nauttivat turhan kattavasta sananvapaudesta. Hänen mukaansa erityisesti internet-anonymiteetti on poistettava. Professori Hillamo menee asiassa vieläkin pidemmälle, hänen mukaansa kaikki väärät mielipiteet tulisi poistaa somesta. Professorin mielestä paras tapa ehkäistä väärien mielipiteiden leviäminen on kieltää väärien henkilöiden mielipiteiden esittäminen netissä. Ei näköjään riitä, että somesta on tullut eräänlainen totuusministeriö, vaan myös osa päättäjistä ja vaikutusvaltaisista henkilöistä haluaa poistaa väärät totuudet. Lisäksi sekä poliittisia henkilöitä että yhteiskunnallisia vaikuttajia hiljennetään absurdeilla verukkeilla. Eräs suomalainen tuomari totesikin, että "toiminnan ei tarvitse olla rikollista ollakseen laitonta". Ero ei-rikollisen ja rikollisen toiminnan välillä on usein katsojan, kuulijan tai lukijan silmässä. Voit rikkoa lakia tietämättäsi. Mielestäsi harmiton nettiin kirjoittelu voi tehdä sinusta rikollisen, faktojen kirjoittamisesta puhumattakaan. Faktat eivät kiinnosta, mikäli ne koetaan epämiellyttävinä vääränä totuutena. Rikoslaki on osittain tulkinnanvarainen, ja näin lain tulkitseminen voi sitouttaa ihmiset rikoksiin heidän koskaan edes tajuamatta sitä. Mm. lain sallimissa rajoissa tehty maahanmuuttokritiikki voi tehdä sinusta rikollisen. Vääränlaiset mielipiteet johtavat helposti somelynkkaukseen, mutta pahimmillaan henkilö joutuu syrjityksi ei ainoastaan somessa, vaan myös työmarkkinoilla. Suomessa Aki Ruotsala (Porin Jazz) sai karvaasti kokea, mitä voi tapahtua vääränlaisesta mielipiteestä. Tarkoituksenhakuisen haastattelun ja tahallisen väärinymmärtämisen seurauksena Aki Ruotsala sai potkut työstään.

Sananvapautta Euroopassa ei myöskään lisää jokin aika sitten allekirjoitettu käytännesääntö (COC) Euroopan komission ja Facebookin, Microsoftin, Twitterin ja YouTuben välillä. Yhteenvetokäytännön mukaan nämä tekniset jättiläiset ovat sopineet "tarkistavansa enemmistön pätevistä ilmoituksista, jotka koskevat laittoman vihamielisen puheen poistamista alle 24 tunnissa ja poistavansa tai estävänsä pääsyn tällaiseen sisältöön tarvittaessa". Mikä sitten tällainen "laiton vihamielinen puhe" on, ei ole aivan selvä. Sillä viitataan puitepäätökseen ja kansallisiin lakeihin. Kuitenkin puitepäätöksen määritelmä siitä, mikä on "yllyttämistä vihaan", ei ole kovin selkeä, ja kansalliset vihanpuheen lait vaihtelevat suuresti.

Sananvapauden rajoittamisen vauhti sen kun tuntuu kiihtyvän. Käytännesäännön lisäksi Euroopan unioni on hyväksynyt taas yhden uuden keinon sensuroimiselle ja sananvapauden rajoittamiselle, nimittäin niin sanotun artikla 13.:n, joka sekä ehkäisee että poistaa tiettyjen teosten saatavuutta netissä. Käytännössä tämä tarkoittaa muun muassa sitä, että meemit kielletään, dataa tullaan valvomaan, ja julkaistu tieto kulkisi aina sisällönsuodattimen läpi (kyseinen artikla oli tätä kirjoittaessani vielä EU:n parlamentin ja komission välisissä neuvotteluissa). Suodattamalla tietoa siitä erotetaan epämiellyttävät totuudet pois. Mutta kuka määrää ja määrittelee nämä epämiellyttävät tiedot?

Sananvaino on siis jo alkanut. Euroopan unioni on ottanut jo kovat aseet käyttöön toisinajattelijoita vastaan. Tätä perustellaan välttämättömäksi kansalaisten

104

turvallisuudelle. Tällä perusteella saadaan vastapuolen ääni vaiennettua, eikä se saa enää ääntänsä kuuluviin. Toisinajattelijoista on jo alettu tekemään psykologisia taudinkuva-analyysejä. Ja tiettyjä sanoja ei saa enää käyttää, muun muassa sana "laiton" on jo kielletty, mikäli sillä viitataan maahanmuuttoon liittyvissä yhteyksissä. Tällainen sananvapauden rajoittaminen johtaa salakavalasti myös muiden oikeuksiemme hallitsemiseen. Alla on vielä mainittu muutamia sananvapauden rajoittamisesta aiheutuvia seurauksia

Psykologinen reaktanssi

Useissa empiirisissä tutkimuksissa on käynyt ilmi, että rajoittamisesta koituu tunneperäisiä seurauksia. Psykologisessa reaktanssissa on kyse henkilön emotionaalisesta kapinasta, jossa henkilö valitsee jotain päinvastaista kuin mitä häneltä odotetaan tai pyydetään. Tässä ei niinkään ole kyse erimielisyydestä, vaan henkilön keinosta säilyttää vapaus ja itsenäisyys. Tätä reaktanssia (käänteistä psykologiaa) tapahtuu usein lasten ja nuorten parissa, mutta on myös havaittu monilla aikuisilla. Reaktanssikokemuksen aikana henkilöillä on taipumusta olla vihamielinen ja heillä on aggressiivisia tunteita enemmänkin uhkaavan viestin lähteeseen kuin itse sanomaan.

On havaittu kolmenlaista reaktanssikäyttäytymistä: 1) Suoraa, "kielletty hedelmä maistuu makeammalta". Henkilö kokee, että hänen vapautta uhataan jonkin kieltämisen kautta, ja tämä motivoi henkilöä tekemään jotain täysin päinvastaista. 2) Epäsuoraa, "Valkoinen karhu". Psykologi Wegner teki ihmisille tutkimuksen, jossa kerrottiin, että valkoista karhua ei saa ajatella. Tutkimuksessa kävi ilmi, että ensimmäisen 5 minuutin aikana he eivät kyenneet olla ajattelematta valkoista karhua, ja 5 minuutin jälkeenkin he ajattelivat sitä kaksi kertaa enemmän kuin verrokkiryhmä. Meidän mielellämme on taipumus palata esimerkiksi ajatukseen, jota ei saisi ajatella. 3) Uteliaisuus, subjektiivinen reaktanssi. Kokeilut ovat osoittaneet, että ihmiset katsovat tai tekevät jotain todennäköisemmin, jos niissä on varoituslappu, esimerkiksi kirjat, jotka ovat kiellettyjä ovat suositumpia kuin ei-kielletyt. Joissakin tapauksissa henkilö voi noudattaa kieltoa, mutta kehittää voimakkaan hylkimisreaktion sitä kohtaan, kuka sen määräsi.

Sananvapauden rajoittamisessa rajoitetaan henkilön itsenäisyyttä ja vapautta sanoa tiettyjä asioita. Tästä väistämättä seuraa tunneperäisiä seuraamuksia, emotionaalista kapinaa. Reaktanssikokemuksen aikana henkilöillä on ollut taipumusta olla aggressiivisia kielletyn viestin lähdettä kohtaan enemmän kuin itse sanomaa. Jatkuvat rajoitukset keräävät myös turhautumia ja patoutuneita vihan tunteita. Lisäksi on havaittu, että jos henkilön perusvapauksia uhataan, niin yhteiskunnallisella vaikutusalueella saavutetaan huonompia tuloksia. Yksi kuuluisimmista esimerkeistä lienee kieltolaki: vaikka se esti alkoholin jakelun, kuitenkin monet retrospektiiviset tutkimukset osoittavat, että kieltäminen johti alkoholin kulutuksen kasvuun ja lisääntyneeseen rikollisuuteen. Rajoittaminen johtaa usein vastarintaan.

Lisää ennakkoluuloja ja rasismia

Ennakkoluulot ovat enemmän tai vähemmän opittuja. Ihmisillä on tapana etsiä todisteita, jotka tukevat heidän omia mielipiteitään ja ennakkoluulojaan ja jättävät huomioimatta todisteet, jotka ovat ristiriidassa heidän mielipiteidensä kanssa (ks. yllä sokea piste-teoria, myside bias, motivoitunut skeptismi, naiivi realismi). Jos sananvapautta rajoitetaan, jäävät ulkopuolelle tietyt mielipiteet eivätkä henkilöt pääse peilaamaan omia mielipiteitään avoimesti. Eriävien mielipiteiden esittäminen on hedelmällistä ja todella tärkeää. Tutkimukset ovat osoittaneet, että ennakkoluuloja ei vältetä sananvapautta rajoittamalla, vaan henkilöitä tulisi opettaa arvostamaan muita näkökulmia. Lisäksi monipuolinen tiedon hankkiminen ja myönteiset ryhmien väliset kontaktit vähentävät ennakkoluuloja. Rajoittamalla sananvapautta ei myöskään vähennetä rasismia.

Lisää ääri-ilmiöitä, radikalisoitumista ja vastakkainasettelua

Rajoitettu sananvapaus voi johtaa sortamiseen, ihmisoikeusrikkomuksiin ja muihin vakaviin seuraamuksiin ja kysymyksiin. Sosiaalinen media on kunnostautunut bannaamisessa: viestejä poistetaan ja samalla bannataan niiden kirjoittajat. Brookingin tutkimuksessa kuitenkin todetaan, että bannaus ja tilien poistaminen ei ainoastaan lisää, vaan myös kiihottaa radikalisoitumiseen erityisesti niiden kohdalla, joita ei ole vielä bannattu. Myös Greenwichin yliopiston tutkimuksen tulokset osoittivat, että bannaus aiheutti itse asiassa lisääntynyttä väkivaltaa. Ihmisten ryhmittely vain yhteen tiettyyn suljettuun ryhmään vahvistaa heidän ei-toivottua käyttäytymistään ja vahvistaa heidän puolueellisuuttaan. Tämän takia useiden erilaisten näkökulmien esittäminen puolestaan vähentäisi ääri-ilmiöitä ja vastakkainasettelua.

Heikentää demokratiaa ja lisää taantumista

Sananvapauden rajoittaminen on tyypillistä totalitaarisissa valtioissa. Totalitarismissa harrastetaan usein aivopesua, niin sanottua indoktrinaatiota. Historiassa on monta esimerkkiä erityisesti lasten käsitysten muovaamisesta johonkin tiettyyn ideologiaan, jossa jo lapsiin ja nuoriin istutetaan ideologiaa ja jossa ilmiannot vanhempia vastaan kuuluvat asiaan. Valtioissa, joissa sananvapautta ei ole tai sitä olennaisesti rajoitetaan, on usein mahdotonta erottaa huonoja ideoita hyvistä, koska tarjolla ei ole kuin niin sanottu oikeaksi katsottu tieto. Sananvapaus on edellytys tehokkaalle demokraattiselle osallistumiselle, ja poliittinen korrektius on sananvapautta rajoittava sensuuri. Yhteiskunta tarvitsee avointa viestintää muuttumiseen ja kasvuun, ja jos ihmiset eivät voi tai uskalla puhua, jakaa ajatuksiaan ja mielipiteitään, vaikuttaa se väistämättä yksilön yksittäiseen autonomiaan ja vapauteen, mikä muodostaa vakavan esteen yksilön henkilökohtaiselle kehitykselle. Ihmisistä tulee vähemmän tuottavia, he taantuvat, eikä tällainen taantunut yhteiskunta enää pysty kilpailemaan muiden maiden kanssa. Sananvapauden rajoittaminen aiheuttaa pitkällä välillä sosiaalisen pysähtymisen ja tyytymättömyyden rajoittajaa kohtaan. Koko yhteiskunta taantuu.

Lisää epätasa-arvoa

Tasa-arvo tarkoittaa sitä, että on oltava yhtä kriittinen

jokaista asiaa kohtaan, olipa kyseessä sitten aatteelliset tai uskonnolliset asiat. Haastaa saa ja pitää. Kenenkään argumentit ja uskomukset eivät ole yhtään sen arvokkaampia tai arvottomampia, ketään ei pidä asettaa eri asemaan. Uskonvapaus liittyy erottamattomasti sananvapauden puolustamiseen. Uskonnossa ei kuitenkaan todellisuudessa ole kysymys uskosta, vaan poliittisesta vallasta. Tämä on hyvä tiedostaa. Vaatimus siitä, että tiettyjä asioita ei voida sanoa joko uskon kunnioittamisen tai kulttuurien kunnioittamisen takia on ainoastaan keino tukahduttaa eri mielipiteitä ja eri mieltä olevia. Ja hyväksymällä sen, että tiettyjä asioita ei voida sanoa tai tietyistä asioista ei voida puhua, koska ne mahdollisesti loukkaavat, on selkeästi epätasa-arvoista sananvapauden rajoittamista. Käytännössä on mahdotonta vähentää tai poistaa kiihkoilu yksinkertaisesti kieltämällä se. Sosiaalisen oikeudenmukaisuuden vuoksi meidän on suojeltava vapaata ilmaisua. Kohdennettua sananvapautta ei ole olemassa, sananvapaus kuuluu kaikille.

Sananvapautta rajoitetaan ja säädellään poliittisesti, ja nämä rajoitukset ajavat aina jonkun tarkoitusperiä. Keskusteluja ei käydä tyhjiössä, vaan valtasuhteet vaikuttavat, kuka saa äänensä kuuluviin ja kuka ei. Viime aikoina on näyttänyt siltä, että sananvapauden

110

rajoittamisesta ja vihapuheen määrittämisestä on enemmänkin tullut keino muokata ärsyttäviä poliittisia argumentteja sopimattomiksi, mistä on seurannut se, että vain tietyistä asioista saa puhua ja tietyistä ei. Mutta kenellä on oikeus määritellä nämä? Täysin arvovapaata henkilöä ei ole, jokaisella meillä on oma päämäärämme, jota ajamme.

Demokratia voi toimia ainoastaan, jos jokainen kansalainen uskoo, että juuri hänen äänensä on tärkeä. Jos ihmiset kokevat, että heillä ei enää tätä oikeutta ole, demokratia kärsii. Sananvapautta rajoittamalla voimme sanoa myös hyvästit vapaalle ajattelulle, innovaatioille ja muutokselle. Argumentin hylkääminen ilman perusteluja ja ilman avointa keskustelua on epäedullista demokratialle. Myös sellaisten argumenttien hylkäämistä, jotka mahdollisesti loukkaavat, on turha rajoittaa, sillä jos lähdemme tälle tielle voimme välittömästi peruuttaa kaiken kommunikoimisen, koska aina löytyy joku, joka loukkaantuu. Ja sananvapauden salliminen vain tietylle porukalle ei ole sananvapautta. Sananvapauden rajoittamisella ei ongelmia ratkota.

IV. Tunnista ja torju manipulointi

"Manipulointi ei onnistu, jos henkilö huomaa, että häntä manipuloidaan."

Tunnista ja torju manipulointi

Jokapäiväisessä elämässä erilaiset manipulointi muodot ovat vallitsevia. Nykyisessä tietotulvassa on vaikea välillä nähdä metsää puilta. Lisäksi tässä sosiaalisen median, Facebookin, Twitterin ja Instagramin maailmassa järjestelmä tuntee meidät ja pyrkii ohjailemaan meitä haluamaansa suuntaan. Se tunnistaa pehmeät kohtamme ja sen vuoksi pystyy myös manipuloimaan meitä. Meille tarjotut uutiset, ohjelmat ja mainokset ovat median tarkoin valitsemia: niitä ei ole valittu sen mukaan, mitä me haluaisimme katsoa ja kuulla, vaan ne on valittu sen vuoksi, mitä he haluavat meidän katsovan ja kuulevan heidän omien tarkoitusperiensä mukaisesti. Tämän manipuloinnin tarkoituksena on yksinkertaisesti meidän ohjailumme ja kontrolloimisemme.

Sen takia jokaisen ihmisen on hyvä olla perillä sekä tietoisista että alitajuisista tekniikoista, joilla meitä hallitaan, niin valtaa pitävien kuin muiden ihmisten sekä median toimesta. Yleisempiä manipuloinnin varoitusmerkkejä ovat sensurointi: tunnet itsesi syylliseksi, alat epäilemään omia kykyjäsi. Ylipäätänsä koet, että vapauttasi rajoitetaan tai päätöksentekoasi evätään.

Manipuloinnin torjuminen Edmüllerin ja Wilhelmin mukaan ovat manipuloinnin tunnistaminen, torjuminen ja vastatoimien toteuttaminen.

Tunnistaminen. Paras keino suojautua manipuloinnilta on sen havaitseminen, eli tiedosta ja tunnista manipuloinnin taustalla olevat mekanismit. Kannattaa miettiä, mikä on sanoman oikea motiivi. Kuka tai ketkä mahdollisesti hyötyvät?

Torjuminen. Kriittinen näkökulma kaikkeen, mitä kuulet ja luet, on hyvä ensi askel manipuloinnin torjumiseen. Kuuntele ja kritisoi sekä kyseenalaista kuulemisesi. Keskustelutilanteessa jätä huomioitta kaikki epäasialliset huomautukset, vitsit ja kärjistetyt mielipiteet. Peilaa tietoa omaan tietoosi.

Vastatoimien toteuttaminen. Faktan tarkistaminen on aina tärkeää. Maltillisuus ja asiallisuus heikentävät manipuloinnin tehoa. Haasta manipuloija ja säilytä tilanteen hallinta itselläsi.

Keskustelun keskeyttäminen on napakka keino vastata manipulointiin. Jos se ei auta, lähde tilanteesta pois.

HUOM! Manipulointi jatkuu niin kauan kuin se paljastetaan. Manipulointi ei onnistu, jos henkilö huomaa, että häntä manipuloidaan.

Loppusanat

"Tulevaisuudessa emme pysty enää kriittiseen ajatteluun, koska kieli muutetaan sellaiseksi, ettet pysty enää argumentoimaan."

Kieli muuttuu ajan saatossa, mutta kielen kautta manipuloinnissa kieltä aktiivisesti ja tarkoitushakuisesti *muutetaan*, jolloin entiset merkitykset vaihtuvat ja häviävät. Kielen kautta manipuloinnissa sanan merkitys itsessään jää taka-alalle, ja lähdetään harhaanjohtavasti väittelemään sanan merkityksestä ja keksimään korvaavia termejä niin, että sanan alkuperäinen merkitys katoaa. Sanojen merkityksistä tulee sumeita ja tulkinnanvaraisia. Sukupuolineutraalikieli toimii hyvänä esimerkkinä juuri tarkoituksenhakuisesta sanojen sumentamisesta, sillä sen seurauksena on lopulta sekoittaa ja hävittää sukupuolierot. Kielen manipuloinnissa kieli yksinkertaistetaan siihen pisteeseen, jossa emme enää hallitse, mitä sanomme, ja kieli jopa määrää, mitä mieltä olemme. Kielimanipuloinnin tavoitteena on päästä konkreettisesti muuttamaan kuuntelijan ajattelutapaa, toimintaa, uskomuksia ja käsityksiä. Kielen muuttaminen vaikuttaa henkilön kognitioon hänen tiedostamattaan. Medialla on suuri rooli manipuloinnissa, jolla pyritään vaikuttamaan yksilön asenteisiin. Media ajaa aina agendaa, poliittista tai ideologista. Media muokkaa myös mielipiteitämme jättäen sopivasti asioita kertomatta, harjoittaen toistoja ja antaen jopa vääriä tietoja. Toimittajat manipuloivat raportoiden tarpeen mukaan myötätuntoa herättävästi, ilkkuvasti, syyllistävästi tai tosiasioita sekoittamalla. Poliittiset mielipiteet vaikuttavat toimittajien uutisointiin, koska ihmisyys ja subjektiivisuus käyvät käsi kädessä.

Kielimanipulointia harjoitetaan myös sensuurin kautta. Vaatimus siitä, että tiettyjä asioita ei voida sanoa, joko uskon tai kulttuurien kunnioittamisen takia, on ainoastaan keino tukahduttaa eri mielipiteitä ja eri mieltä olevia. Ja hyväksymällä sen, että tiettyjä asioita ei voida sanoa tai tietyistä asioista ei voida puhua, koska ne mahdollisesti loukkaavat, ajetaan selkeästi epätasa-arvoista sananvapauden rajoittamista. Käytännössä on mahdotonta vähentää tai poistaa minkään asteista kiihkoilua yksinkertaisesti kieltämällä se.

Yhtä totuutta ei ole. Argumentin ja sen perustelun funktiona pitäisi olla keskustelun aktivoiminen haasteen tarjoaminen eri lailla ajatteleville. Mielipiteiden ei tulisi olla niin sanotun oikean ja hyväksytyn linjan mukaisia, kuten diktatuurissa, koska ilman mielipiteiden törmäystä, emme saavuta totuutta, vaan ihmisistä tulee myötäileviä sopuleita. Kun kriittinen keskustelu mediassa ja eri foorumeilla estetään, voimme saman tien sanoa hyvästi aidolle sananvapaudelle.

Sananvaino on jo alkanut. Euroopan Unioni on ottanut jo kovat aseet käyttöön toisinajattelijoita vastaan. Tätä perustellaan välttämättömäksi kansalaisten turvallisuudelle. Tällä perusteella saadaan vastapuolen ääni vaiennettua joko tilapäisesti tai lopullisesti. Valtavirran vastaiset tai muulla tavoin vääränlaiset mielipiteet johtavat helposti somelynkkaukseen ja syrjimiseen niin työelämässä kuin henkilökohtaisessakin elämässä. Toisinajattelijoista on jo alettu tekemään psykologisia prognooseja. Historia toistaa itseään: valtavirrasta poikkeavat henkilöt on myös aikaisemmin pyritty vaientamaan yhteiskunnissa, jossa vain tietynlaiset mielipiteet ovat sallittuja.

Elämme makaaberia ajanjaksoa, jossa kieltä tarkoituksenhakuisesti muutetaan, sananvapaus on uhattuna, ihmisiä sensuroidaan mielivaltaisesti ja vähemmistöjen agendat muokkaavat sekä sanelevat enemmistön arkea.

Kuitenkin ehkä kaikkein merkillisin ilmiö on kaikenlaisen kansallinen identiteettiin, perinteisiin ja arvoihin liittyvän järjestelmällinen alasajo. Miten yksi kansakunta voi "vihata" itseään niin paljon, että tietentahtoisesti haluaa luopua arvoistaan, sananvapaudestaan ja perinteistään? Miksi vanha maailma tulee väkisin ajaa alas? Milloin suomalaisista tuli hyssytteleviä, itseään ja perinteitään vihaava kansa? Perinteisten elämäntapojen ja -arvojen murtuminen aiheuttaa oman kansan kuolemista. Perinteet ja arvot ovat oleellinen osa kulttuuri-identiteettiämme, ne ovat yhteiskuntamme rakenne ja perusta. Ne muistuttavat meitä siitä, että olemme osa arvokasta historiaa, jonka eteen on tehty lukematon määrä työtä ja joka määrittelee kansallisen identiteettimme. Ne tekevät meistä sen, mitä olemme ja tukevat meitä matkallamme kohti tulevaisuuden haasteita. Perinteet vahvistavat arvoja, kuten vapautta, uskoa, henkilökohtaista vastuuta ja vahvaa työetiikkaa. Perinteet myös tarjoavat mahdollisuuden sanoa "kiitos" aikaisempien sukupuolten tekemälle panokselle.

Adolf Ehrnrooth aikoinaan totesi, että "Suomi on hyvä maa. Se on paras meille suomalaisille. Se on puolustamisen arvoinen maa ja sen ainoa puolustaja on Suomen oma kansa." Valitettavasti kaikki eivät jaa tätä näkemystä, esimerkiksi Helsingin yliopiston "kestävän kehityksen" professori Kristina Lindström kertoi Huvudstadsbladet- lehden haastattelussa, että Suomen syntyvyyskehitys (syntyneiden määrä vuonna 2018 on historiallisen pieni) on haluttu ja että hän toivoo, että useammat lapset jäisivät Suomessa syntymättä. Lindström haluaa, että suomalaiset korvataan muualta siirtyvillä ihmisillä, ja tätä hän perustelee ilmastonmuutoksen globaaliselta näkökulmalta. Surullista, että tähän on tultu.

Kirjan kirjoittaja on uskaltanut käyttää sananvapauttaan ja oikeuttaan kirjoittaa kiistanalaisia ja epämiellyttäviäkin asioita ja kantaa vastuun kirjoituksistaan, silläkin riskillä, että kirjassa esiintyvät mahdolliset "vääränlaiset" mielipiteet häiritsevät joidenkin tahojen tai henkilöiden poliittisia tavoitteita tai johtavat kirjoittajan medialynkkaukseen.

Lähteet:

Kirjoja

Ainsworth, P. (2002). Psychology, Law and Eyewitness Testimony. Chichester. Wiley.

Baddeley, A. (2004). Your Memory: A User's Guide. Richmond Hill, Canada: Firefly Books.

Edmüller, A. & Wilhelm, T. (1999). Manipulointitekniikat. Niiden tunnistaminen ja torjuminen. Helsinki: Rastor Oy

Herz, M. & Molnar, P. (2012). The Content and Context of Hate Speech. Rethinking Regulation and Responses. Oxford Press.

Huhtasaari, S. (2017). Venyvä totuus. Illuusio rehellisyydestä ja monogamiasta. BoD.

Hobbs, R. (2013). Everybody's a Criminal. Powells Books.

Hämälainen, H. & Laine, M. & aaltonen, O & Revonsuo, A. (2006). Mieli ja aivot. Kognitiivisen neurotieteen oppikirja. Turun Yliopisto. Gummerrus Kirjapaino Oy.

Loftus, E.F. (1979). Eyewitness testimony. Cambridge, MA: Harvard University Press.

Pakes, F. & Pakes. S. (2009). Criminal psychology. Portland, Oregon, USA: Willan Publishing.

Puolimatka, T. (2016). Yhteiskuntakoe lapsilla? Tehdäänkö Suomen lapsista sukupuolineutraalin avioliittokokeen koenkaniineja? Kuva ja sana.

Oakley, B.A. & Knafo, A. & Madhavan, G. & Wilson, D.S. (2012). Pathological Altruism. Oxford University Press.

Orwell, George, 1988 (1949), Nineteen Eighty-Four. London: Penguin Books. Orwell, George, 1999, Vuonna 1984 (alkuteos Nineteen Eighty-Four 1949, suom. Raija Mattila). WSOY.

Sinkkonen, J. (2012). Elämäni poikana. WSOY.

Vygotski, Lev, Semjonovits 1982 (1931), Ajattelu ja kieli (suom. Klaus Helkama, Anja Koski-Jännes). Weilin+Göös.

Julkaisuja

Archer, S.L. & Waterman, A.S. (1988). Psychological Individualism: Gender Differences or Gender Neutrality. Vol 31. No.2. (s.65-81).
Haettu: https://www.karger.com/Article/Pdf/275798

Asya, A. (2013). Linguistic Manipulation: Definition and Types. (IJCRSEE) International Journal of Cognitive Research in science, engineering and education Vol. 1, No.2, 2013. Haettu: www.ijcrsee.com

Boulenger, V., Hauk, O., & Pulvermüller, F. (2009). Grasping Ideas with the Motor System: Semantic Somatotopy in Idiom Comprehension. *Cebrebral Cortex, 19*, 1905-1914. Haettu: https://www.ncbi.nlm.nih.gov/pubmed/19068489

Bäck, E.A. & Lindqvist, A. & Gustafsson Senden, M. (2013). Hen can do it: effects of using a gender neutral pronoun in a recruitment situation.
Haettu: https://www.researchgate.net/profile/Marie_G

ustafsson_Senden/publication/256078640_Hen_can_
do_it_Effects_of_using_a_gender_neutral_pronoun_i
n_a_recruitment_situation/links/5657670808aefe619b
1f0463/Hen-can-do-it-Effects-of-using-a-gender-
neutral-pronoun-in-a-recruitment-situation.pdf

Ceci, S.J. & Williams, W.M. (2018). Who Decides What
is Acceptable Speech on Campus? Why Restircting Free
Speech IS Not the Answer. SageJournals. Haettu:
http://journals.sagepub.com/eprint/I6zYjCxgsdtnFbmP
m9FI/full

Conti, R. (1999). The Psychology of False Confessions.
The journal of credibility Assessment and Witness
Psychology, vol.2, pp.14-36. Haettu:
http://truth.boisestate.edu/jcaawp/9901/9901.pdf

Gelber, K. & McNamara, L.J. (2016). Evidencing the
harms of hate speech, 22 (3) Social Identities 324-341.
Haettu:
https://ro.uow.edu.au/cgi/viewcontent.cgi?referer=&htt
psredir=1&article=3288&context=lhapapers

Herz, M. & Molnar, P. (2012). The Content and Context
of Hate Speech. Rethinking Regulation and Responses.
Oxford Press.

Lewandowsky, S. & Ecker, U.K.H. & Seifert, C.M. &
Schwarz, N. & Cook, J. (2012). Misinformation and Its
Correction.
Haettu: http://journals.sagepub.com/doi/full/10.1177/1
529100612451018

Loftus, E. F., & Palmer, J. C. (1974). Reconstruction of
auto-mobile destruction: An example of the interaction

between language and memory. Journal of Verbal Learning and Verbal Behavior, 13, 585-589.

McNamara, L.J. (2016). Evidencing the harms of hate speech, 22 (3) Social Identities 324-341. Haettu: https://ro.uow.edu.au/cgi/viewcontent.cgi?refe rer=&httpsredir=1&article=3288&context=lhapapers

Mendez, M., & Fras, I. (2011). The false memory syndrome: Experimental studies and comparison to confabulations Medical Hypotheses, 76 (4), 492-496 DOI: 10.1016/j.mehy.2010.11.033

Menegatti, M. & Rubini, M. (2017). Gender Bias and Sexisim in Language. Communication. Oxford University Press. Haettu: http://communication.oxfordre.com/view/10.1093/acre fore/9780190228613.001.0001/acrefore-9780190228613-e-470

Muchnik, L. & Aral, S. & Taylor, S.J. (2013). Social influence Bias: A Randomized Experiment. Vol. 341, Issue 6146, pp. 647-651 DOI: 10.1126/science.1240466. Haettu:

http://science.sciencemag.org/content/341/6146/647

Sczesny, S. & Formanowicz, M. & Moser, F. (2016). Can Gender-Fair Language reduce Gender Stereotyping. University of Bern. Frontiers in Psychology. Haettu: https://www.frontiersin.org/articles/10.3389/f psyg.2016.00025/full

Steindl, C. & Jonas, E. & Sittenthaler, S. & Traut-Mattausch, E. & Greenberg, J. (2015). Understanding Psychological Reactance, 223 (4): 205-214. Haettu:

https://www.ncbi.nlm.nih.gov/pmc/articles/PMC46755
34/

Thibodeau, P.H., & Boroditsky, L. (2011). Metaphors We
Think With: The Role of Metaphor in Reasoning. *Plos
One, 6*, e16782. Haettu:
https://doi.org/10.1371/journal.pone.0016782

Todd, B.K. & Barry, J.A. &Thommessen, S.A.O. (2016).
Preferences for "Gender-typed" Toys in Boys and Girls
Aged 9 to 32 Months. Wiley Online Library. Haettu:
https://onlinelibrary.wiley.com/doi/full/10.1002/icd.19
86

Lehtiä

Aamulehti (2017). Aamulehti ottaa käyttöön
sukupuolineutraalit tittelit.
Haettu: https://www.aamulehti.fi/paakirjoitukset/olem
me-paattaneet-olla-kaikki-ihmisia-200395971/

Aamulehti (2017). Aamulehti palkittiin
sukupuolineutraaleista ammattinimkkeistään. Haettu:
https://www.aamulehti.fi/uutiset/aamulehti-palkittiin-
sukupuolineutraaleista-ammattinimikkeistaan-silla-on-
merkitysta-sanotaanko-mies-vai-henkilo-200521747/

Daily Mail (2015). Twitter Anger is Like a Road Rage:
Psychologist says distance from victim and having vast
platform to vent irritation encourages users to be more
aggressive.
Haettu: http://www.dailymail.co.uk/sciencetech/article
-2989040/Twitter-anger-like-road-rage-Psychologist-
says-distance-victim-having-vast-platform-vent-
irritation-encourages-users-aggressive.html

Daily Mail (2014). It's doomed for failure. Haettu: http://www.dailymail.co.uk/news/article-2836414/It-s-doomed-failure-Psychologist-slams-gender-neutral-parenting-voices-support-gendered-roles-relationships.html

DW (2017). Study: German media extremely negative about Trump. Haettu: https://www.dw.com/en/study-german-media-extremely-negative-about-trump/a-38974231

Foreign Policy (2016). Europe's freedom of speech fail. Haettu: https://foreignpolicy.com/2016/07/07/europes-freedom-of-speech-fail/

The Guardian (2011). How the Internet Created an Age Rage. Haettu: https://www.theguardian.com/technology/2011/jul/24/internet-anonymity-trolling-tim-adams

Helsingin Sanomat (2018). Tällainen on Suomi: Kun Trump kertoi uskomattoman väitteen Pohjolan metsänhoidosta, suomalaiset lähtivät metsään haravoimaan ja imuroimaan. Haettu: https://www.hs.fi/kotimaa/art-2000005903997.html

Helsingin uutiset (2016). Nousua jopa 521 % - ulkomaalaisten tekemät seksirikokset kovassa kasvussa. Haettu: https://www.helsinginuutiset.fi/artikkeli/448021-nousua-jopa-521-ulkomaalaisten-tekemat-seksirikokset-kovassa-kasvussa

Iltalehti (2017). Ruotsin kirkko alkaa käyttää Jumalasta sukupuolineutraalia nimitystä. Haettu: https://www.iltalehti.fi/ulkomaat/a/201711242200558510

Iltasanomat (2016). Opetushallitukselta linjaus: Kouluissa ei ensi vuonna puhuta tytöistä ja pojista. Haettu: https://www.is.fi/kotimaa/art-2000001932716.html

Iltasanomat (2018). Sensuurikone ja linkkivero ottivat harppauksen EU.ssa. Haettu: https://www.is.fi/digitoday/art-2000005728553.html

Junge Freiheit (2018). Petition zum migrationspakt: Bundestag schliesst diskussionsforum. Haettu: https://jungefreiheit.de/politik/deutschland/2018/petit ion-zum-migrationspakt-bundestag-schliesst-diskussionsforum/

Kaleva (2018). Oululaistytön raiskaus järkyttää nuoria. Haettu: https://www.kaleva.fi/uutiset/oulu/oululaistyton-raiskaus-jarkyttaa-nuoria/622004/

Kansalainen (2018). EU-parlamentti haluaa kieltää uusfasistiset liikkeet ja ehdottaa EU-jäsenmaihin viharikospoliisia. Haettu: https://www.kansalainen.fi/eu-parlamentti-aikoo-kieltaa-uusfasistiset-liikkeet-ja-ehdottaa-eun-laajuista-viharikospoliisia/

Kansalainen (2018). Islamisaatiota ei voi enää pysäyttää kun muslimeja on 16 prodenttia maan väestöstä. Haettu:https://www.kansalainen.fi/tutkijaislamisaatiota-ei-voi-enaa-pysayttaa-kun-muslimeja-on-16-prosenttia-maan-vaestosta/

Kansalainen (2018). Mihin Suomi velvoittaa itsensä GCM-sopimuksella? Haettu: https://www.kansalainen.fi/mihin-suomi-velvoittaa-itsensa-gcm-sopimuksella/

Kauppalehti (2018). Harava kuvia jakaneet ilkkuivat Trumpille turhaan – suomalaisprofessori: "Trum käytti ihan oikeaa Sanaa oikeassa yhteydessä." Haettu: https://www.kauppalehti.fi/uutiset/harava-kuvia-jakaneet-ilkkuivat-trumpille-turhaan-suomalaisprofessori-trump-kaytti-ihan-oikeaa-sanaa-oikeassa-yhteydessa/dd575f19-5753-3b6a-b13c-47369bad7d30

The New York Times (2012). The Harm in free Speech. Haettu: https://opinionator.blogs.nytimes.com/2012/06/04/the-harm-in-free-speech/

Nykysuomi (2018). Poliisin vuosi 2017: Raiskausrikosten määrä nousi 9 % - myös huumerikosten määrä jatkoi kasvuaan. Haettu: https://www.nykysuomi.com/2018/01/30/poliisin-vuosi-2017-raiskausrikosten-maara-nousi-9-myos-huumerikosten-maara-jatkoi-kasvuaan/

PsychologyToday (2010). Everyone's a Criminal. Haettu: http://www.psychologytoday.com/blog/crimes-courts-and-cops/201001/everyones-criminal

PsychologyToday (2014). Principle number nine: Freedom of Speech. Haettu:

https://www.psychologytoday.com/us/blog/resilience-bullying/201401/principle-number-nine-freedom-speech

Satakunnan kansa (2017). Liittyikö Suomi euroon perustuslain vastaisesti? Haettu: https://www.satakunnankansa.fi/kotimaa/totta-vai-tarua-liittyiko-suomi-euroon-perustuslain-vastaisesti-200608116

The Star (2017). He says freedom, they say hate. The pronoun fight is back.
Haettu: https://www.thestar.com/news/insight/2017/01/15/he-says-freedom-they-say-hate-the-pronoun-fight-is-back.html

Taloussanomat (2018). Kommentti: Suomi kulkee kohti synkkiä aikoja – tarvitsemme lisää maahanmuuttajia.
Haettu: https://www.is.fi/taloussanomat/art-2000005689663.html

The Telegraph (2018). Government drops doctor who says gender given at birth.
Haettu: https://www.telegraph.co.uk/news/2018/07/08/government-drops-doctor-says-gender-given-birth/

The Times (2018). Mother's Day Cards go gender neutral.
Haettu: https://www.thetimes.co.uk/article/mothers-day-cards-go-gender-neutral-nc0rpxf00

Värdlen idag (2018). Genusdagis slängde alla böcker om Pippi och Emil. Haettu:
https://www.varldenidag.se/nyheter/genusdagis-

slangde-alla-bocker-om-pippi-och-emil/reprid!Mox9LCNwAyhygNeVenhjIw/

Värdlen idag (2013). Han, Hon, Hen och Mappa. Haettu: https://www.varldenidag.se/gastkronika/han-hon-hen-och-mappa/cbbmeh!2Vk119b75IlbafYerr@CRw/

Värdlen idas (2016). Teologisk kritik mot kyrkohandboksforslag. Haettu: https://www.varldenidag.se/nyheter/teologisk-kritik-mot-kyrkohandboksforslag/Bbbpfa!Vzyd4KuavuWXGVaQJBKyqA/

Washington Examiner (2017). In wake of the supreme courts ruling on hate speech and the first amendment, more good news may be on the way. Haettu: https://www.washingtonexaminer.com/in-wake-of-the-supreme-courts-ruling-on-hate-speech-and-the-first-amendment-more-good-news-may-be-on-the-way

The Washington Post (2016). You can be fined for not calling people ze or hir if that's the pronoun they demand that you use. Haettu: https://www.washingtonpost.com/news/volokh-conspiracy/wp/2016/05/17/you-can-be-fined-for-not-calling-people-ze-or-hir-if-thats-the-pronoun-they-demand-that-you-use/?noredirect=on&utm_term=.214ea0bc57f4

Alands Nyheter (2018). **HBL:** Professor i hållbar utveckling vill se finländarna dö ut och inte föda fler barn. Haettu: https://www.alandsnyheter.com/befolkningskris/hbl-

professor-i-hallbar-utveckling-vill-se-finlandarna-do-ut-
och-inte-foda-fler-barn/

Nettisivuja/ muut

Blogi: Analyyseja maailmanpolitiikasta. Orwellin
ennustus toteutuu (2016). Haettu:
http://hannuvvirtanen.blogspot.com/2016/02/orwellin
-ennustus-toteutuu.html

Cornell Chronicle (2018). Psychologists: there is no
alternative to free Speech. Haettu:
http://news.cornell.edu/stories/2018/05/psychologists-
there-no-alternative-free-speech

Gatestone Institute (2018). Is Criticizing Terrorism
"Mental illness"? Haettu:
https://www.gatestoneinstitute.org/13072/le-pen-
dissent-mental-illness

Humansarefree (n.d.). The UN is normalizing
pedophilia. Haettu:
http://humansarefree.com/2017/10/the-un-is-
normalizing-pedophilia-deep.html

MentalHelp.net (2015). Psychology of Anger.
Haettu: https://www.mentalhelp.net/articles/psycholog
y-of-anger/

Mielen ihmeet. Manipuloiva media. Haettu:
https://mielenihmeet.fi/manipuloiva-media/

NBC News (2018). Fake News. Lies spread faster on
social than truth does.
Haettu: https://www.nbcnews.com/health/health-

news/fake-news-lies-spread-faster-social-media-truth-does-n854896

Opinnäyte: Kainulainen, M. (2004). Kieli ja poliittinen manipulaatio George Orwellin teoksessa Nineteen eighty four. Jyväskylän yliopisto. Haettu: https://jyx.jyu.fi/bitstream/handle/123456789/8984/1/G0000476.pdf

OPS (2016). Haettu: https://www.oph.fi/ops2016/perusteet

Poliisi.fi. Haettu: https://www.poliisi.fi/vihapuhe

Pri (2017). France has plunged struggle over gender neutral language. Haettu: https://www.pri.org/stories/2017-11-10/france-has-plunged-struggle-over-gender-neutral-language

PsyBlog (2010). Cheating: Does Deindividuation encourage it? Haettu: http://www.spring.org.uk/2010/01/cheating-does-deindividuation-encourage-it.php

Uusi Suomi. Puheenvuoro. Luukkanen A. (2018). Kiihkoilu pois Suomen kouluista. Haettu: http://artoluukkanen.puheenvuoro.uusisuomi.fi/26203 1-kiihkoilu-pois-suomen-kouluista

Sisäministeriö (2018). Sisäministeri Mykkänen osallistuu Marokossa YK-konferenssiin.

Haettu: https://intermin.fi/artikkeli/-/asset_publisher/sisaministeri-mykkanen-osallistuu-marokossa-yk-konferenssiin

Scientific American (2012). Why is Everyone on the Internet so Angry? Haettu: https://www.scientificamerican.com/article/why-is-everyone-on-the-internet-so-angry/

Supreme Court of the United States (2016). Haettu: https://www.supremecourt.gov/opinions/16pdf/15-1293_1013.pdf

SVT Nyheter (2016). Åhléns tar bort luciabilden efter hatet. Haettu: https://www.svt.se/nyheter/inrikes/ahlens-tar-bort-luciabilden-efter-hatet

Tieteen termipankki. Sananvapaus. Haettu: http://tieteentermipankki.fi/wiki/Oikeustiede:sananvapaus

Yle (2015). Sipilä: Annan kotini turvapaikanhakijalle. Haettu: https://yle.fi/uutiset/3-8282743

Yle (2016). Flemming Rose ja sananvapauden vaikeus. Haettu: https://yle.fi/aihe/artikkeli/2016/02/23/flemming-rose-ja-sananvapauden-vaikeus

Yle (2016). Alkuvuoden tilastot: joka viidennestä seksuaalirikoksesta epäillään ulkomaalaista. Haettu: https://yle.fi/uutiset/3-9251395

Yle (2018). Suomi ei antanut Alille turvapaikkaa, tapettiin heti Irakissa. Haettu: https://yle.fi/uutiset/3-10068103

Yle (2011). Media syyllistää sairaita. Haettu: https://yle.fi/uutiset/3-5313404

Yle (2018). Sisäministeri Mykkänen haluaisi puuttua anonyymiin nettikirjoitteluun EU-tasolla. Haettu: https://yle.fi/uutiset/3-10426756

Verkkouutiset.fi (2018). Vihapuheen ja nettikiusaamisen vastaiset toimet pohdinnassa. Haettu: https://www.verkkouutiset.fi/vihapuheen-ja-nettikiusaamisen-vastaiset-toimet-pohdinnassa/

Voice of Europe (2018). Sweden cancels traditional Christmas concert and increases promotions for Islamic events. Haettu: https://voiceofeurope.com/2018/10/sweden-cancels-traditional-christmas-concert-and-increases-promotions-for-islamic-events/

Wikipedia. Gender Neutrality. Haettu: https://en.wikipedia.org/wiki/Gender_neutrality

Wikipedia. Reactance (psychology). Haettu: https://en.wikipedia.org/wiki/Reactance_(psychology)

Wikipedia. Psykologinen manipulointi. Haettu: https://fi.wikipedia.org/wiki/Psykologinen_manipulointi

Wikipedia. Sananvapaus. Haettu: https://fi.wikipedia.org/wiki/Sananvapaus

Wikipedia. Sukupuolineutraali kielenkäyttö. Haettu: https://fi.wikipedia.org/wiki/Sukupuolineutraali_kielenk%C3%A4ytt%C3%B6